DIE WITZ RAKETE

777 Witze, gesammelt und gezeichnet
von Erhard Dietl

SCHNEIDER BUCH

Inhalt

Das große Panoptikum   7

Eltern, Kinder und andere Monster   31

Rauchende Colts   53

Von Paukern und Trompeten   65

Rififi   87

Geschwister, Oma, Tante
und andere Verwandte   99

Athleten sind auch vertreten   125

Total verwüstet   139

Endlich Ferien!   145

Schrille Typen und Holzfäller   165

Mein Hund hat eine Meise   199

Benzingerede   229

Garantiert blöde Fragen   241

Das große Panoptikum

Ein Mann kommt zum Zirkusdirektor: „Ich habe eine sensationelle Nummer!"

Dann führt er einen Hund und einen Papagei vor. Der Papagei sitzt auf dem Rücken des Hundes und singt.

„Da ist aber ein Trick dabei!" sagt staunend der Zirkusdirektor.

„Ehrlich gesagt, ja. Der Papagei kann nämlich gar nicht singen. Das macht der Hund!"

☆

Kleiner Zirkus. Der Tierstimmenimitator macht alle Tiere nach, deren Namen man ihm zuruft: Löwe, Meise, Schwein, Grille...

„Machen Sie mal eine Ölsardine!" ruft einer.

„Und du Blödmann redest das Blech für die Dose!" ruft der Tierstimmenimitator.

☆

Dann tritt der Freßkünstler auf. Er verspeist drei Schweinebraten, zwei Gänse, zehn Pfannkuchen, ein Spanferkel und zum Nachtisch einen Pudding, so groß wie ein Bierfaß.

Alexander will nach der Vorstellung den Freßkünstler interviewen für die Schülerzeitung. Er hat aber kein Glück.

„Das geht jetzt nicht", sagt man ihm. „Der Herr Freßkünstler ist jetzt beim Abendessen."

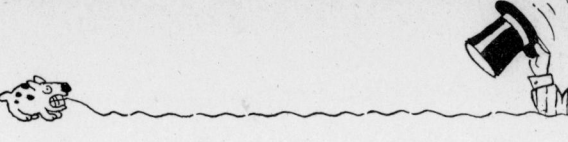

„Was schüttest du da in dein Aquarium?"
„Wasserflöhe."
„Weißt du, ich finde das ganz gemein! Wo sich die armen
Fischlein doch nicht kratzen können!"

☆

„Glaubst du, daß es Menschen auf anderen Sternen gibt?"
„Na klar. Sonst wären die Dinger doch nicht jede Nacht
beleuchtet!"

☆

„Wetten, daß ich sechs Seiten vom Münchner
Telefonbuch hersagen kann?"
„Los! Fang an!"
„Maier, Maier, Maier, Maier..."

☆

Sagt Karlchen zu Felix: „Wenn du errätst, wie viele
Gummibärchen ich in der Hand habe, dann gehören dir
alle fünfe!"
„Fünf, natürlich", lacht Felix.
„Ja, weil du sie gesehen hast", sagt Karlchen gekränkt.

☆

„Affen können schreien wie Menschen. Hast du das
schon einmal gehört?"
„Nein. Schrei mal!"

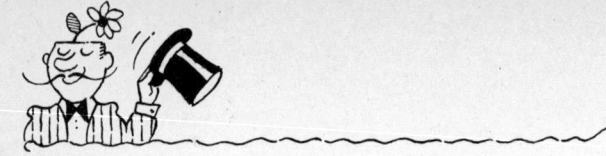

„Wurden in eurer Stadt große Männer geboren?"
„Soviel ich weiß, wurden hier immer nur kleine Kinder geboren."

☆

„Schrecklich, wenn es keinen elektrischen Strom gäbe!"
„So schlimm wäre das auch wieder nicht. Dann müßte man eben mit Kerzenlicht fernsehen."

☆

„In Amerika gibt es Bäume, die sind fast zweitausend Jahre alt!"
„Das glaube ich dir nie und nimmer! Amerika wurde ja erst vor knapp fünfhundert Jahren entdeckt!"

☆

Susi kommt in den Supermarkt und wünscht den Geschäftsführer zu sprechen.
„Gehört Ihnen der silbergraue Jaguar vor dem Laden?" fragt sie ihn.
„Ja, warum?"
„Dann habe ich eine ganz, ganz große Bitte an Sie. Regen Sie sich jetzt bitte nicht auf…"

☆

Ein Super-Düsenjet hebt vom Boden ab. Sowie er in der
Luft ist, ertönt aus den Lautsprechern eine Stimme:
„Meine Damen und Herren! Sie nehmen soeben an
einem weltgeschichtlichen Ereignis teil: dem ersten
vollautomatischen Flug. Piloten oder anderes Personal ist
nicht an Bord. Grund zu irgendeiner Beunruhigung
besteht nicht. Unser ATS-Qu-OP-System funktioniert
absolut fehlerfrei … solut fehlerfrei … solut fehlerfreiiiiiiii."

☆

Zwei Tomaten treffen sich auf der Straße.
Sagt die eine: „Grüß dich, Tomate!"
In diesem Augenblick kommt ein Laster und überfährt
sie.
„Grüß dich, Ketchup!" sagt da die andere.

Karin, die sich für unwiderstehlich hält, will zur
Sternwarte, um die Mondfinsternis zu sehen. Aber wie
das so ist, sie wird nicht fertig und kommt zu spät.
„Tut mir leid", sagt der Astronom. „Soeben ist die
Mondfinsternis zu Ende."
„Aber gelt, lieber Herr Professor", sagt Karin, „Sie sind so
lieb und führen mir die Mondfinsternis noch mal vor!"

☆

„Ich will Astronaut werden. Dann fliege ich zur Sonne!"
verkündet Willi.
„Aber ist das nicht eine verdammt heiße Sache?"
„I wo, ich fliege nur bei Nacht!"

☆

Susilein ist mit Mutti beim Arzt. Da sehen sie ein Skelett.
„Was ist das?" fragt Susilein beklommen.
„Das bleibt von einem verstorbenen Menschen übrig",
erklärt Mutti.
„Ach nee", sagt Susilein. „Dann kommt also nur der Speck
in den Himmel!"

☆

In Amerika haben sie wieder einmal eine tolle Erfindung gemacht. Den Rasierautomaten!

Ein Vertreter fährt durch Europa und preist das Ding an: „Man schiebt seinen Kopf in das Rohr, drückt auf den Knopf, und in Sekunden säbeln die scharfen Messer den Bart ab!" schwärmt er.

„Ja, aber, jeder hat doch eine andere Gesichtsform!" entgegnet man ihm.

„Nur beim ersten Mal…", sagt der Vertreter.

„Heute hatte ich die erste Reitstunde."
„Interessant. Komm, setz dich und erzähl!"
„Geht nicht."
„Warum nicht?"
„Weil ich heute die erste Reitstunde hatte."

„Kommst du am Mittwoch zu mir, dann spielen wir im Garten!"
„Ja, gerne. Aber was ist, wenn's am Mittwoch regnet?"
„Ganz einfach, dann kommst du schon am Dienstag."

☆

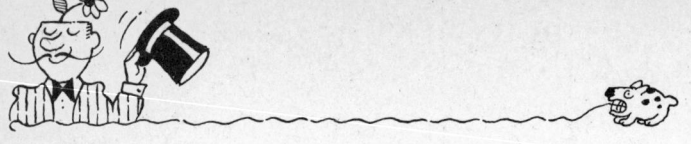

„Ich komme von ‚Radio Boing'! Wir möchten von dir, dem
Super-Hitparadenstürmer, wissen: Macht Rockmusik
taub?"
„Wie bitte?"
„Ob Rockmusik taub macht?"
„Wie bitte?"
„Macht Rockmusik taub?"
„Wie bitte? – Ach, schreibe auf!"
Der Reporter schreibt auf einen Zettel: MACHT
ROCKMUSIK TAUB?
Der Rockstar liest es und legt los: „Also, das ist wieder so
eine echt ätzende Verlade von hirnrissigen Spießie-
Knackern, die total ausklinken, wenn sie mal eine
rattengeile Scheibe hören..."

☆

„Mußt viel Karotten essen! Dann siehst du gut. Karotten
schärfen das Sehvermögen!"
„Das glaube ich dir nicht!"
„Doch, paß auf: Kaninchen essen doch immer Karotten.
Stimmt's? Und hast du schon einmal ein Kaninchen mit
einer Brille gesehen? – Na, also!"

☆

Tante Tekla ist wahnsinnig ängstlich. Ganz schlimm wird
es, als sie einmal fliegen soll. Sie geht vor dem Start zur
Stewardess und fragt: „Fräulein, bitte schön, stürzt so ein
Flugzeug öfter ab?"
„Meistens nur einmal", sagt beruhigend die Stewardess.

Ein Pilot stirbt und kommt im Himmel an. Der heilige
Petrus empfängt ihn mit großem Tamtam, geleitet ihn
freundlichst zu einer echt tollen Schönwetterwolke und
wünscht ihm einen angenehmen Aufenthalt hier heroben.
Dann kommt ein Pfarrer an, meldet sich zur Stelle, und
der heilige Petrus sagt: „Ist schon recht, such dir dort
eine von den kleinen, grauen Regenwolken, und halt
dich ruhig."
Da ist der Pfarrer sauer und meckert: „So was kapiere
ich nicht! Mit diesem Flugkapitän macht ihr ein Gedöns,
und mich behandelt ihr wie den letzten Dreck. Wo ist
denn der Unterschied zwischen mir und dem da?"
„Und was da für ein Unterschied ist!" sagt der heilige
Petrus. „Wenn du gepredigt hast, haben alle geschlafen.
Und wenn der geflogen ist, haben alle gebetet!"

„SONNE, MOND UND STERNE, RAKETEN, SATELLITEN, FLUGZEUGE, VÖGEL ... WENN MAN BEDENKT, WAS DA OBEN ALLES FLIEGT, DA KÖNNTE ES EINEM ANGST UND BANGE WERDEN !..."

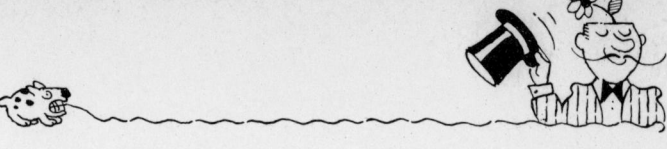

Der Schlagerstar Billi Balli ist in Kleindingsda. Er gibt
Autogramme, daß die Fetzen fliegen, und auch Harald
hält ihm einen dreckigen, zerknautschten Zettel hin.
„Und auf diesen Fetzen soll ich meinen Namen
schreiben?" fragt Billi Balli.
„Macht nichts", sagt Harald. „Zu Hause schreibe ich ihn
sauber ab."

☆

„Was soll dieser Schlauch an der Waschmaschine?" fragt
Herr Emmerich.
„Der ist für den Wasserzufluß."
„Und dieser Schlauch?"
„Der ist für den Wasserabfluß", sagt der Händler.
„Ich höre immer Wasser", wundert sich Herr Emmerich.
„Ich dachte, die Waschmaschine wäscht elektrisch!"

☆

„Ich möchte ein Puzzle, aber ein schwieriges", sagt Jutta
im Schreibwarenladen.
Der Verkäufer schleppt Spiel um Spiel heran, aber
immer wieder winkt Jutta geringschätzig ab: „Viel zu
leicht!"
Da wird es dem Verkäufer zu blöd. „Weißt du was", sagt
er. „Jetzt gehst du nebenan zum Bäcker Meier, kaufst dir
eine Tüte Semmelbrösel und setzt dir die Semmel
zusammen!"

☆

In der Nacht war schwerer Sturm über der Küste. Tags darauf treffen sich zwei Nachbarn.

„Was ist", fragt der eine, „ist dein Dach auch beschädigt?"

„Weiß ich noch nicht", sagt der andere. „Hab's noch nicht gefunden."

„Warzen verschwinden, wenn man vor dem Einschlafen zwei Äpfel ißt", behauptet Peter.

„Na klar", sagt Paul. „Aber die Warzen müssen an den Äpfeln dran sein."

Karl-Konrad steht vor einem Automaten, wirft Geld hinein und zieht ein Schinkenbrötchen um das andere heraus.

Da kommt Urs hinzu und sagt: „Hör doch endlich auf, die kannst du doch gar nicht alle essen!"

„Stör mich nicht!" zischelt Karl-Konrad. „Wo ich doch gerade eine Glückssträhne hab."

„Was hat eigentlich Herbert gesagt, daß du ihm die Luft aus dem Fahrrad gelassen und die Luftpumpe versteckt hast?"

„Oh, eigentlich nichts Besonderes. Und die zwei Vorderzähne hätte ich mir sowieso ziehen lassen müssen."

Juppi, das Finanzgenie, ist im Museum und sieht zu, wie einer Kopien von berühmten Gemälden anfertigt. Da hat Juppi eine Idee. Er geht zum Künstler hin und fragt: „Sagen Sie mal, werfen Sie die alten Bilder weg, wenn die neuen fertig sind?"

☆

Der große Hollywoodstar liegt auf dem seidenen Diwan, raucht Zigaretten und wartet auf neuen Ruhm. Plötzlich zieht Rauch durch die Wohnung, Flammen lodern, es brennt!
Da stürzt der Star zum Telefon, ruft den Agenten an und befiehlt: „Los los los, sofort Fernsehen, Funk und Presse her, bei mir brennt's!"

HERR OBER, ICH HABE HUNGER. BITTE DIE KARTE!

ABER DIE IST AUS LEDER!

Im Zoo ist ein Arbeitsplatz frei. Sie suchen einen Wärter
für besonders giftige Schlangen. Isidor meldet sich.
„Tut mir schrecklich leid", sagt der überaus freundliche
Direktor. „Vor fünf Minuten haben wir bereits jemanden
eingestellt. – Aber wenn Sie morgen wieder
vorbeischauen möchten..."

Ein Schiff fährt durch den hintersten Winkel des Stillen
Ozeans und kommt an einem völlig einsamen Inselchen
vorbei.
Dort rennt ein Mann mit langem Bart und abgerissenen
Kleidern wie wild umher, fuchtelt mit den Armen, winkt
mit Tüchern und springt mit beiden Beinen in die Höhe.
„Sehen Sie", sagt der Kapitän des Schiffes zu einem
Mitreisenden. „Alle paar Jahre kommen wir hier vorbei,
und jedesmal freut sich dieser Kerl wie verrückt!"

Philipp blättert in einer Statistik.
„Schrecklich", sagt er, „pro Sekunde stirbt ein Mensch.
Das heißt also, immer wenn ich ausatme, stirbt einer!"
„Hast du es schon einmal mit Mundwasser probiert?"
fragt sein Freund.

Ein amerikanischer Ölmilliardär kommt nach zehn Jahren
wieder durch Paris und sieht den Eiffelturm.
„Jetzt bohren die Boys immer noch", sagt er, „und Öl
haben sie immer trotzdem noch keines gefunden!"

☆

Robert und Paul gehen durch den Wald. Da sehen sie
ein Plakat: „Vorsicht! Tollwut!"
„Wart mal", sagt Paul, setzt sich auf einen Baumstumpf
und macht sich Notizen.
„Was soll das?" fragt Robert.
„Das ist nur für den Fall, daß ich gebissen werde. Ich
schreibe mir nämlich die Typen auf, die ich dann beiße!"

☆

Der Jäger hat sich für die Jagd einen Schweißhund
gekauft. Es war ein Reinfall. Der Hund taugt nichts, und
wütend schreibt der Jäger an den Händler, einen
gewissen Herrn Schindler:
„Sehr geehrter Herr Schindler! Das ‚w', das im Namen
Ihres Schweißhundes zu viel ist, fehlt in Ihrem Namen!
Hochachtungsvoll . . .!"

☆

21

Karl-Otto war bei einer Wahrsagerin: „Sie werden einen großen Schatz finden!" prophezeite sie. „Sie müssen bei Vollmond um Mitternacht im Garten unter einer Eiche mit einem uralten Spaten graben und werden den Schatz finden. Sie dürfen dabei nur nicht an ein Nilpferd denken. Sonst ist alles vergeblich!"

Karl-Otto ist nicht mehr zu halten, kaum daß er den Vollmond erwarten kann, besorgt sich den Spaten, und als es soweit ist, geht er in den Garten und beginnt zu graben.

Nach einiger Zeit aber wirft er den Spaten fort und brüllt: „Verdammt, verdammt! In meinem ganzen Leben habe ich noch an kein Nilpferd gedacht. Und jetzt geht mir das blöde Vieh nicht mehr aus dem Kopf!"

☆

In der großen Pause geben die Schüler mit ihren Vätern an.

„Mein Vater", sagt der eine, „hat das Loch für den Bodensee gegraben!"

„Und meiner", sagt der andere, „hat das Tote Meer erschlagen."

☆

Man tauscht Sammelbilder.

Dirk hat ein Bildchen, darauf steht: „Luther 1517".

„Was bedeutet die Zahl 1517?" wird er gefragt.

„Das ist dem Luther seine Telefonnummer", erklärt Dirk sachkundig.

„Wo liegt Afrika?" fragt einer.
„Ich weiß es nicht genau", sagt ein anderer. „Weit kann es nicht sein. Bei uns arbeitet nämlich ein Schwarzer. Der geht jeden Mittag zum Essen heim."

☆

„Mutti, können Hexen fliegen?" fragt Susilein.
„Aber Susi, es gibt doch keine Hexen!"
„Das weiß ich schon", sagt Susilein. „Ich will auch nur wissen, ob Hexen fliegen können."

☆

Der Pepi kommt in die Lehre zu einem Konditor. Da soll er auf eine Geburtstagstorte „Herzlichen Glückwunsch" schreiben.
„Mensch, war das eine Sauerei", erzählt er zu Hause. „Bis ich die Torte in die Schreibmaschine gebracht habe!"

☆

Es gibt vielerlei Sagen:
Heldensagen, Göttersagen, Volkssagen – und Wettervorhersagen.

Emil fährt mit seinem Papagei nach Italien.
An der Grenze sagt man ihm, daß Papageien verzollt
werden müssen.
„Was kostet das?" fragt Emil.
„Kommt darauf an", sagt der Beamte. „Lebende
Papageien kosten hundert Mark. Ausgestopfte nur fünf
Mark."
Da krächzt der Papagei mühsam mit trockener Stimme
hervor: „Mensch, Emil! Mach jetzt bloß keinen Scheiß!"

☆

Emil weiß alles.
„Emil", fragt der kleine Bruder, „warum heißen die
Rollmöpse Rollmöpse?"
„Das ist doch ganz klar!" sagt Emil. „Sie sehen aus wie
Rollmöpse, riechen wie Rollmöpse, schmecken wie
Rollmöpse, werden verkauft als Rollmöpse. Warum
sollten sie dann nicht Rollmöpse heißen!"

SPRICHT DER PAPAGEI?

NICHT DIREKT. ABER ER BEHERRSCHT DAS MORSEALPHABET.

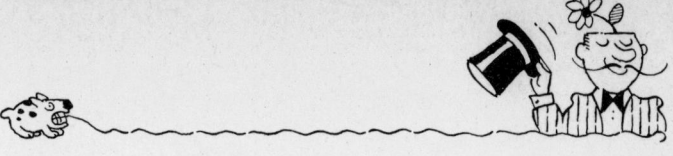

Das Schiff ist gesunken. Sie schwimmen im Meer,
schwimmen und schwimmen. Da sieht einer, daß der
Kapitän neben ihm schwimmt.
„Wie weit noch bis zum Land?" japst er.
„500 Meter", schreit der Kapitän.
„500 Meter nach Ost oder West oder...?"
„Nach unten", sagt der Kapitän.

New York. Ein Zeitungsjunge schreit sich die Lunge aus:
„Mysteriöse Betrugsserie. Bereits 50 Opfer!" brüllt er.
Sam Nickel geht hin und kauft sich eine Zeitung, blättert
herum und findet nichts.
Da hört er den Zeitungsjungen brüllen: „Mysteriöse
Betrugsserie. Bereits 51 Opfer!"

„Gestern ist in New York ein Fensterputzer abgestürzt, als
er im 72. Stockwerk arbeitete!"
„Schrecklich, schrecklich!"
„Es ist ihm aber nichts passiert!"
„Das gibt es nicht!"
„Doch, er ist nach innen ins Zimmer gestürzt."

☆

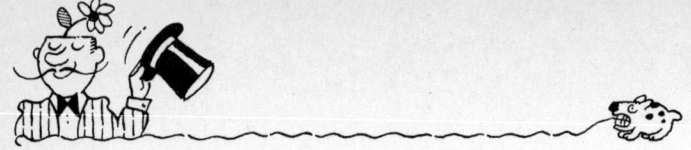

Automaten werden immer klüger. Valentin kommt in den Bahnhof, sieht etwas, das Ähnlichkeit mit einer Waage hat, stellt sich drauf und wirft ein Geldstück hinein. Da ertönt eine Stimme:

„Du heißt Valentin, bist 14 Jahre alt, wiegst 48 Kilo. Dein Reiseziel ist Hamburg, Abfahrt 8 Uhr 10. Wir wünschen gute Reise."

Valentin ist begeistert. Immer wieder wirft er Geld ein und kann sich nicht satthören.

Beim zehnten Mal ändert sich der Text ein wenig. Er lautet:

„Du heißt Valentin, bist 14 Jahre alt, wiegst 48 Kilo. Dein Reiseziel ist Hamburg, Abfahrt 8 Uhr 10. Jetzt hast du Trottel den Zug verpaßt!"

Rainer sitzt mit seiner Schwester im Konzert. Der Pianist spielt mit dem Rücken zum Publikum. Flüstert die Schwester: „Ist das Beethoven?"

„Weiß ich nicht", sagt Rainer. „Mußt halt warten, bis er sich umdreht!"

„Sag mal, ist dir noch zu helfen! Du kannst doch keine Benzinflasche auf den glühenden Ofen stellen!"

„Ach du! Hör doch auf mit deinem ewigen Aberglauben!"

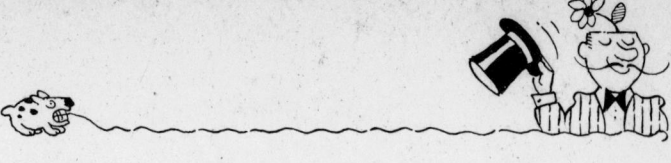

Zwei Hollywood-Regisseure unterhalten sich.
„Da hast so wahnsinnig viele Statisten bei deinen
Schlachten. Wie kannst du die ganzen Leute bezahlen?
Das kostet doch ein Schweinegeld!"
„Da habe ich einen Trick! Bei der letzten Einstellung
verteilen wir echte Munition!"

☆

„Paß auf!" ruft der Meister seinem Lehrling zu.
„Nicht den Strom einschalten! Ich sitze noch in der
Zentrifuiiiiiiiiiiii . . ."

☆

„Sag mal, warum hast du den Robbi so verdroschen!"
„Weil er mich voriges Jahr ein Rhinozeros geheißen hat."
„Und da verhaust du ihn erst jetzt?"
„Ja, ich war gestern im Zoo und habe zum erstenmal ein
Rhinozeros gesehen!"

☆

„Was war heute in der Tagesschau?"
„In der Stadt Enikjahuziradaheiro hat es ein Erdbeben
gegeben."
„Und wie hieß die Stadt vor dem Erdbeben?"

Kommt Seppi zu seinem Bruder Tobias.
„Du", sagt er. „Deine Uhr ist tatsächlich wasserdicht.
Heute vormittag habe ich sie mit Wasser gefüllt, und bis
jetzt ist noch kein Tropfen ausgelaufen!"

„Wie erkennt man, daß die Erde rund ist?"
„Weil der Globus auch rund ist."
„Unsinn!"
„Weil es alle Lehrer sagen!"
„Ach, Quatsch!"
„Weil man, wenn man eine Zeitlang geht, schiefe Absätze
bekommt."

„Unglaublich, daß das Licht dreihunderttausend Kilometer in der Sekunde zurücklegt!" sagt der eine.
„Und daß es bei diesem Tempo nicht ausgeht!" ergänzt der andere.
„Und welch riesige Entfernungen es zurücklegt!"
„Und daß es trotzdem immer pünktlich da ist!

☆

Monika war im Kino. Daraufhin hat sie die ganze Nacht von dem Film geträumt.
„Wenn ich das gewußt hätte, daß ich den Film träume, dann hätte ich mir das Eintrittsgeld sparen können!" sagt sie.

Gelangweilt blättert der Millionär die Post durch.
„Etwas Besonderes dabei?" fragt seine Frau.
„Nö. Nur Belangloses, Drucksachen, und daß wir sechs
Richtige im Lotto haben", antwortet der Millionär.

„Sind das künstliche Blumen?"
„Natürlich!"
„Was soll das heißen! Sind sie jetzt natürlich oder
künstlich?"
„Künstlich natürlich!"

Eltern, Kinder und andere
Monster

Vater hat wieder einmal seine alte Platte aufgelegt:
„Das schönste Weihnachtsgeschenk für mich wäre es,
wenn du in der Schule endlich bessere Noten bekämst!"
„Papilein", sagt Karin, „jetzt ist es zu spät. Jetzt habe ich
dir schon Hosenträger gekauft."

☆

Horst flucht entsetzlich. Oma ist darüber heftig
erschrocken und beschließt, dies abzustellen.
„Wenn du mir versprichst", sagt sie, „daß du nie wieder
diesen Ausdruck gebrauchst, bekommst du von mir eine
Mark!"
„Abgemacht", sagt Horst. „Aber da kenn ich noch einen,
der ist gut seine fünf Mark wert."

☆

Tina und ihr Bruder waren im Kino und haben sich
verspätet. Sehr verspätet sogar.
„Mensch, jetzt aber nichts wie heim!" sagt Klaus.
„Das wäre total bescheuert", meint Tina. „Jetzt bekämen
wir Ärger. Wir warten lieber, bis es ganz dunkel ist.
Dann kriegen sie Angst und sind glücklich, wenn sie uns
wieder haben!"

☆

Bei Kindermanns klingelt es an der Türe. Ein Polizist
steht da und fragt: „Frau Kindermann, ist jemand in Ihrer
Familie Amateurfunker?"
„Ja, mein Sohn Teddy. Um Himmels willen, das wird doch
nicht verboten sein!"
„Im Prinzip nicht", antwortet der Polizist. „Aber soeben ist
die gesamte Flotte der Nato ausgelaufen!"

„Papi", sagt Horstchen, „ich habe soeben beschlossen,
Polarforscher zu werden. Ist dir das recht?"
„Von mir aus", brummt Vati und liest weiter.
„Du, da muß ich ab sofort fleißig trainieren", redet
Horstchen weiter.
„Ja, schon gut."
„Dann gib mir schon mal fünf Mark. Ich muß nämlich
täglich wahnsinnig viel Eis essen, um mich an die Kälte
zu gewöhnen!"

„Klausilein!" ruft Mami ins Bad. „Schau doch bitte mal,
wieviel Zahnpasta noch in der Tube ist!"
Eine Weile ist Stille. Dann hört man Klausilein rufen:
„Sie reicht genau von der Badewanne bis zum
Wohnzimmerschrank!"

„Komm jetzt endlich runter zum Spielen!" rufen die
Freundinnen.
„Kann nicht", ruft Irmi zurück. „Sobald ich weggehe, hört
Mutti auf, meine Hausaufgaben zu machen!"

„Du sollst nicht über den ganzen Tisch greifen! Hast du
keinen Mund!"
„Ja, schon. Aber mit der Hand komm ich besser hin."

☆

„Mami, sag, ist Papi früher von Opa verhauen worden, als
er noch klein war?"
„Ja."
„Und ist auch Opa verhauen worden, als er klein war?"
„Ja."
„Und hat ganz, ganz früher auch der Uropa Prügel
gekriegt?"
„Ja."
„Sag mal, wer hat eigentlich mit diesem Quatsch
angefangen?"

☆

„Anschi!" schimpft Mutti. „Woher hast du so häßliche
Worte!"

„Vom Nikolaus."

„Vom Nikolaus? Erzähl doch keine Märchen!"

„Doch. Vom Nikolaus. Den hättest du hören sollen, wie
der in unserem Garten über die Gießkanne gefallen ist!"

☆

Mami hat beschlossen, aus Ulrike ein feines Mädchen zu
machen.

„Hör gut zu", sagt sie zu Ulrike. „Vor allem will ich zwei
Ausdrücke nie mehr von dir hören! Der eine ist saublöd,
und der andere ist Scheiße!"

„Klar, Mami, machen wir", sagt Ulrike. „Und welche
beiden Ausdrücke meinst du nun?"

☆

„Warum hat der liebe Gott alle Vitamine in das Gemüse
und in den Salat gesteckt – und nicht in Torten und Eis!"
jammert der dicke Franz.

Michi und Moni sind sauer. Sie müssen im Kinderzimmer bleiben, während die Eltern im Wohnzimmer eine steile Party mit vielen Gästen feiern.

Da sagt Michi zu Moni: „Paß auf. Jetzt sind wir zehn Minuten lang absolut still. Total mausestill, verstehst du."

„Warum jetzt das?"

„Mensch, das macht die irre nervös!"

Und wieder erzieht Papa an seinem Sohn herum.

„Schäm dich", sagt er. „In deinem Alter hab ich niemals gelogen!"

„Und wann hast du damit angefangen?"

Urs hat sich den Magen verkorkst. Darum darf er nur Milch trinken und muß Brei essen.

„Jetzt ist mir klar", sagt er, „warum die Babys dauernd schreien."

Die Familie Taubmann lebt streng vegetarisch.
„Jetzt muß ich schnell nach Hause", sagt Tobi Taubmann,
„sonst wird mein Mittagessen welk!"

☆

„Papi, gib mir fünfzig Pfennige für ein Eis!"
„Aber Junge, du bist doch wirklich zu alt, um noch fünfzig
Pfennige zu erbetteln!"
„Hast recht. Gib mir bitte zwanzig Mark für die Disco!"

☆

In der Schule hat man die Jahreszeugnisse ausgeteilt.
Frank kommt heim und sagt: „Also, Papi. Wenn man's
genau nimmt, habe ich heute eine gute Nachricht für
dich."
„Wieso?"
„Du brauchst für das kommende Schuljahr keine neuen
Bücher zu kaufen."

☆

„Mußt du immer solche Schwarten lesen, wo Mord,
Totschlag, Sex und anderer Blödsinn vorkommt!"
„Hast recht! Gib mir den Sommerfahrplan herüber!"

☆

Vati macht eine Abmagerungskur. Und heute hat ihm wieder einmal das Essen gar nicht geschmeckt. Er hat alles unberührt stehenlassen und ist mürrisch fortgegangen.

„Susi", sagt Mutti. „Nimm Vatis Essen, rühr Hühnerbrühe hinein, schneid ein Stück Fleisch dazu und bring's dem Hund hinaus!"

Die Eltern geben eine Party.
Die Kinder stecken die Köpfe zusammen und flüstern:
„Das müssen aber ganz wichtige Leute sein", meint Bodo.
„Warum?"
„Weil Mami über Papis Witze lacht!"

Julius ist der taktloseste Bruder, den es gibt.
Abends kommt seine Schwester nach Hause und fragt:
„War jemand für mich da?"
„Ja", sagt Julius.
„Wer?"
„Weiß ich doch nicht!"
„War sie hübsch?"
„I wo. Eine ganz häßliche Ziege."
„Kannst du mir sagen, wie sie aussah?"
„Genau wie du!"

„Karlchen", fragt Mama. „Weißt du, wo ich die
Weihnachtslebkuchen hingetan habe?"
„Ja."
„Dann", meint Mama, „muß ich einen anderen Platz
suchen."

☆

Papa nützt jede Gelegenheit, um an seinen beiden
Sprößlingen herumzuerziehen.
„Im Neuen Jahr", sagt er, „wünsche ich mir zwei artige
Kinder."
„Mensch toll!" sagt Susi. „Dann sind wir vier!"

☆

Es klingelt.
„Papi, da ist ein Mann, der sammelt für das neue
Hallenbad!"
„In Ordnung. Gib ihm fünf Eimer Wasser!"

Während Mutti beim Einkaufen war, haben die Kinder
die Hausarbeit erledigt.
Susi berichtet: „Also, das war so. Wir haben nämlich die
Arbeit geteilt. Trixi hat abgespült. Ich habe abgetrocknet.
Und Peter hat die Scherben zusammengekehrt."

☆

Sie haben einen jungen Hund gekauft. Natürlich war die
Sensation groß.
„Mutti, Mutti", schreit Gaby. „Zampo kann ein neues
Kunststück!"
„Was denn?" ruft Mutti durch drei Zimmer.
„Er steht auf drei Beinen. Und mit dem vierten hält er
sich am Wohnzimmerschrank fest!"

☆

Vati ist beim Fernsehen. Da kommt Willi und möchte
etwas sagen.
„Scht Scht!" macht Vati.
Willi probiert es noch mal. Doch Vati wird wütend.
„Du sollst nur reden, wenn du gefragt bist!"
„Also gut", sagt Willi. „Dann frag mich mal, ob Mutti die
Treppe runtergefallen ist."

„Xaver, hol mir bitte eine Flasche Bier", sagt Vater zu
seinem Sechzehnjährigen.
„O du, da ist leider nichts drin", sagt der. „Ich muß jetzt
zum Training."
„Dann soll die Zenzi das Bier holen", sagt Vater.
„Das ist jetzt uuunmöglich", ruft Zenzi. „Ich muß jetzt
unbedingt die Hitparade aufnehmen."
Da mischt sich der zwölfjährige Josef ein: „Daddy, laß
dich von denen doch nicht verladen. Hol dir dein Bier
selber. – Und wenn du schon unten bist, dann bring mir
bitte Zigaretten mit!"

☆

„Wenn du schon mein Taschengeld nicht erhöhen kannst,
Papi", sagt Sigrid, „dann gib mir das gleiche wie bisher –
aber dafür zweimal in der Woche. Ist das ein Vorschlag?"

☆

Kerstin blättert im astrologischen Kalender.
„Papi, was bist du für ein Sternbild?"
„Skorpion", sagt Papi.
„Du", sagt Kerstin nach einer Weile. „So ein Pech. Wenn
du nur einen Tag später auf die Welt gekommen wärst,
dann wärst du freundlich, freigebig, tolerant und nicht
nachtragend."

☆

„Man darf seine Kinder zu nichts zwingen", sagt Herr
Kluge. „Sie müssen immer die Chance haben, sich frei zu
entscheiden."
Als sein Sohn Ulf den Roggen-Eintopf nicht essen will,
sagt Herr Kluge ganz sanft: „Komm, iß jetzt schön deinen
Eintopf. Oder willst du lieber, daß ich dir links und
rechts ein paar kräftige Ohrfeigen herunterhaue!"

„Mutti, was wird aus dem Menschen, wenn er einmal
gestorben ist?"
„Dann zerfällt er zu Staub."
„Au weia. Dann ist unter meinem Bett schon eine ganze
Fußballmannschaft gestorben."

☆

Mami schimpft: „Weißt du, was aus Mädchen wird, die
ihren Teller nicht leeressen?"
„Ja", strahlt Kerstin. „Die bleiben schlank, werden zuerst
Mannequin und dann steinreich!"

„Heute hab ich deinen Lehrer getroffen", erzählt Vater
mit drohendem Unterton in der Stimme.
„Gelt", sagt Ossi, „ein komischer Vogel. Schimpft ständig
auf andere Leute."

Mami hat einen entsetzlichen Krach gemacht.
Peppo geht mürrisch durch die Wohnung.
„Was ist los?" fragt Vati.
„Ach – nichts."
„Also, sag schon, was ist los?"
„Ärger gehabt."
„Mit wem?"
„Mit deiner Frau!"

„Du, Paps, weißt du, wer Maria Stuart war?"
„Natürlich weiß ich das. Aber du nimmst jetzt die Bibel
und schaust gefälligst selber nach, damit du dir es auch
merkst!"

„Wer hat die Fensterscheibe zerschmissen?"
„Ich", sagt Leo. „Aber da ist ganz allein der Bernd schuld,
weil er sich geduckt hat!"

„Jetzt kann ich schon ‚Guten Morgen‘ und ‚Danke‘ auf
Englisch sagen“, tönt Felix.
„Dann wird es Zeit, daß du es auch auf Deutsch lernst!“
meint Vater.

☆

„Wer klimpert da so schrecklich auf dem Klavier?“ fragt
Vati.
„Es ist Tanja“, antwortet Mutti.
„Dann sieh nach, was sie tut“, sagt Vati. „Wenn sie Staub
wischt, ist es gut. Wenn sie spielt, dann soll sie sofort
aufhören!“

☆

„Mein Vater hat nichts dagegen, wenn es bei uns zu
Hause einmal geteilte Meinungen gibt.
Er sagt uns seine Meinung, und wir dürfen sie dann
teilen!“

☆

Es ist Weihnachten. Metin bekommt eine tolle
Armbanduhr geschenkt.
„Mensch, sie ist auch noch wasserdicht!“ staunt er.
„Damit du sie beim Geschirrspülen anbehalten kannst“,
meint schnippisch die Schwester.

„Lissi!" ruft Vati. „Alle warten auf dich. Hast du deine
Schuhe angezogen?"
„Ja. Alle. Bis auf einen!"

☆

Susi kommt zum Apotheker und kauft Schlankheitspillen.
Nach knapp einer Woche ist sie schon wieder da und
verlangt das gleiche.
„Für wen sind denn diese Pillen?" fragt der Apotheker
etwas besorgt.
„Für mein Kaninchen", antwortet Susi. „Mein Papi will es
nämlich schlachten, sobald es fett ist."

☆

Mutti hat ihren Taschenspiegel zerbrochen und jammert:
„Oje, da erfahre ich heute sicher noch eine schlechte
Nachricht."
„Wie man nur so verdammt abergläubisch sein kann",
schimpft Robert, „was soll da ich erst sagen! Ich hab
soeben den großen Garderobenspiegel im Flur
zerschlagen!"

☆

„Was ist eine Million?"
„Wenn dich deine Mami zwanzig Jahre lang täglich
ungefähr hundertsiebenunddreißigmal bittet, endlich dein
Zimmer aufzuräumen!"

Vati kommt nach Hause und wird von Helenchen schon an der Türe mit Küßchen und allem Pipapo empfangen. Markus dagegen hockt in seinem Zimmer und rührt sich nicht.

Gekränkt sagt Vati zu Markus: „Nimm dir ein Beispiel an deiner Schwester, wie nett sie mich begrüßt!"

Da brummelt Markus: „Na ja. Wenn ich die chinesische Vase im Wohnzimmer zerdeppert hätte, würde ich dich auch so nett begrüßen."

☆

„Wie alt ist eigentlich euer Opa?"
„Keine Ahnung. Den haben wir schon ewig."

☆

„...und merk dir", sagt Papa zu seinem Sohn, „ich will nie mehr eine Lüge von dir hören! Ist das klar?"
„Klaro", sagt der Sohn.
Da läutet das Telefon.
„Geh ran", sagt Papa. „Und wenn es jemand für mich ist, dann sag, ich sei nicht da!"

☆

„Der Storch hat dir ein Schwesterchen gebracht.
Möchtest du es sehen?"
„Das Schwesterchen nicht – aber den Storch!"

„Wieviele Rechenaufgaben habt ihr heute bei der Probe
gehabt?"
„Fünfzehn."
„Wieviele hast du falsch?"
„Nur eine!"
„Toll. Gratuliere! Und die anderen?"
„Zu denen bin ich nicht mehr gekommen."

☆

„Was hat dein Vater gesagt, als er das Auto
kaputtgefahren hatte?"
„Willst du, daß ich dir die Flüche auch aufsage?"
„Nee, ohne die Flüche."
„Dann ... dann hat er eigentlich nichts gesagt."

Vati hat ein neues Auto gekauft. Bei der ersten Ausfahrt
darf ihn Manuela begleiten.
„Wie war's?" fragt Mutti.
„Sagenhaft!" strahlt Manuela. „Einfach irre toll! Wir haben
vier Trottel, acht Rindviecher, sechs Idioten und
mindestens zehn Armleuchter überholt!"

Wenn Papa mit dem Zeigefinger in der Luft
herumstochert, dann wird es ernst. „Du hast gesagt,
deine Schwester ist ein Nachtgespenst. Das nimmst du
zurück. Und zwar sofort!"
„Ja, ist schon gut", sagt Horst. „Ich habe mich eben
getäuscht. Sie ist kein Nachtgespenst. Sie sieht nur so
aus."

Rudi soll einen Glückwunschbrief an die Oma
unterschreiben.
„Aber nicht mit diesen dreckigen Pfoten!" sagt der Vater.
„Wasch sie dir vorher!"
„Beide?" fragt Rudi zurück. „Oder bloß eine?"
„Nur eine", sagt der Vater. „Ich möchte nämlich sehen,
wie du das machst!"

☆

Andy saust in die Drogerie, drängt sich vor und ruft:
„Schnell, schnell, es eilt!"
„Kannst du dich nicht anstellen!" schimpfen die Leute.
„Nein, mein Vater wartet dringend drauf!"
„Also, ausnahmsweise", sagt der Drogist. „Was bekommst
du denn?"
„Eine Rolle Klopapier!" sagt Andy.

☆

„Mit so einem miserablen Zeugnis hätte ich mich
seinerzeit nicht nach Hause getraut!" sagt der Vater.
„Feigling!" zischelt verächtlich der Sohn.

☆

„Wenn ich dir Geld schenke, wirst du es ins Sparschwein
tun?" fragt Mutti.
„Ja", sagt Susanne.
„Und du wirst später auch nicht versuchen, es mit einer
Häkelnadel wieder herauszuangeln?"
„Nein, bestimmt nicht", sagt Susanne – und setzt nach
einer kleinen Pause hinzu: „Aber das mit der Häkelnadel
ist wirklich eine tolle Idee, Mami!"

☆

„Seid ihr in der Schule schon aufgeklärt worden?"
erkundigt sich Mutti.
„Ja, was willst du wissen?" sagt das Töchterchen.

„Mami, ich bräuchte bitte eine Mark für einen ganz,
ganz alten und ganz, ganz armen Mann!" sagt Ulrike.
„Das ist aber schön von dir, daß du dich um andere
Leute kümmerst. Wo ist denn dieser Mann?" will Mutti
wissen.
„Er steht unten an der Toreinfahrt und verkauft
Speiseeis."

„Was würde deine Lehrerin sagen, wenn du dich in der
Schule so aufführen würdest wie daheim?"
„Sie würde sagen: ‚Du glaubst wohl, du bist hier zu
Hause!'"

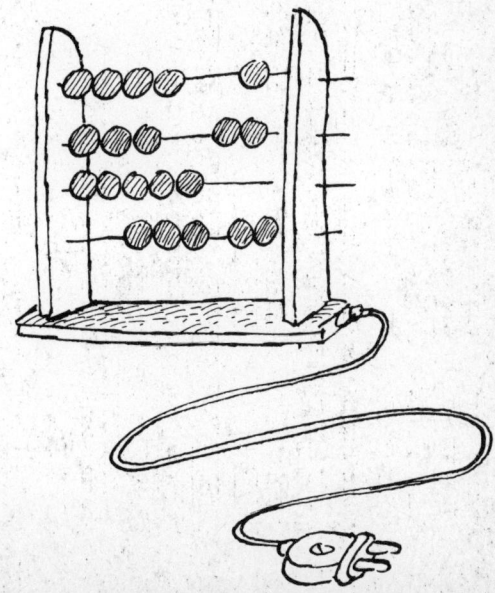

Vatis Chef ist zum Abendessen geladen. Es geht sehr
fein zu. Als Mutti den Braten bringt, wundert sich Jockel:
„Aber, das ist ja Entenbraten!"
„Ja, und?" fragt Mutti.
„Papi hat doch gesagt, heut abend haben wir einen alten
Hammel zum Essen!"

☆

„Papilein. Kannst du auch im Dunklen schreiben?"
„Aber klar doch!"
„Dann probier doch einmal, ob du mein Zeugnis im
Finstern unterschreiben kannst!"

Rauchende Colts

Dies ist eine Geschichte vom schweigsamen Cowboy.
Der schweigsame Cowboy wollte heiraten. Er setzte
seine Braut vor sich aufs Pferd, ritt die zwölf Meilen zum
Sheriff, ließ sich trauen und ritt wieder nach Hause.
Nach vier Meilen stolperte das Pferd.
„Eins", sagte da der schweigsame Cowboy.
Acht Meilen waren sie geritten, da stolperte das Pferd
wieder.
„Zwei", sagte der Cowboy.
Kurz vor der Ranch stolperte das Pferd zum dritten Mal.
„Drei", sagte der Cowboy. Dann stieg er ab, zog seinen
Colt und erschoß das Pferd.
Da war die Braut entsetzt. „Um Himmels willen", rief sie.
„Was habe ich da geheiratet. Du bist ja wahnsinnig. Das
tut man doch nicht!"
Da deutete der schweigsame Cowboy in Richtung Braut
und sagte: „Eins".

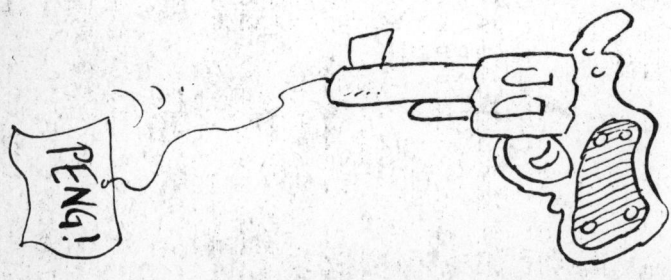

Der schweigsame Cowboy und seine Frau kaufen eine
Krawatte. Sie stehen im Laden:
„Rot?" meint der schweigsame Cowboy.
„Rot paßt nicht zu dir", sagt die Frau.
„Grün?" fragt der schweigsame Cowboy.
„Grün macht dich blaß", sagt die Frau.
„Gelb!" beschließt der schweigsame Cowboy.
„Gelb ist absolut aus der Mode, schon seit . . ."
Da zieht der schweigsame Cowboy seinen Revolver und
streckt seine Frau zu Boden.
„Schwarz", sagt er dann.

Der schweigsame Cowboy kommt mit seinem Freund in
einen Saloon. Er zeigt auf einen der zwölf anwesenden
Männer.
„Siehst du den dort?" fragt er.
„Wen von den Zwölfen?" fragt der andere.
Da zieht der schweigsame Cowboy seinen Colt und legt
elf von ihnen um.
Dann zeigt er auf den Übriggebliebenen und sagt:
„Den da mein ich."
„Und was ist mit dem?"
„Den kann ich ums Verrecken nicht leiden!"

☆

Zum schweigsamen Cowboy kommt ein Freund und
fragt: „Was hast du damals deinem Pferd gegeben, als es
krank war?"
„Schmieröl", sagt der schweigsame Cowboy.
Etwas später kommt der Freund wieder und sagt:
„Du, nachdem ich meinem Pferd Schmieröl gegeben
habe, ist es krepiert."
„Meines auch", sagt der schweigsame Cowboy.

Die Cowboys sitzen im Saloon. Da jault draußen einer auf: „Welcher dreimal verdammte Idiot hat mein Pferd grün angemalt?"

Drinnen im Saloon erhebt sich ein Riesenkerl, bewegt sich langsam zur Türe hin und fragt: „Ist da jemand, dem etwas nicht paßt?"

„Äh, schon gut", meint der andere. „Ich wollte nur sagen, daß die Farbe jetzt trocken ist, und daß Sie jetzt den 2. Anstrich aufbringen können, Mister."

☆

Was ist ein Sattelschlepper?
Ein Cowboy, der sein Pferd vergessen hat.

☆

Kommt einer in einen Saloon und brüllt: „Ist in diesem Saftladen überhaupt nichts los?"

„Heute nicht", bekommt er zur Antwort. „Die Boys sind alle auf dem Friedhof und begraben denjenigen, der gestern hier hereinkam und gefragt hat: ‚Ist in diesem Saftladen überhaupt nichts los'."

☆

Der Pastor im Wilden Westen läßt seinen Hut
umherreichen zu einer Sammlung für die Armen der
Gemeinde. Als ihm der Hut wieder zurückgegeben wird,
ist der total leer geblieben.
Da kniet sich der Pastor hin und betet laut:
„Mein Herr und Gott, ich danke dir angesichts dieser
Gemeinde, daß der Hut wenigstens wieder
zurückgekommen ist!"

Joe stürzt in die Kneipe, läßt sich auf die Theke fallen
und stöhnt: „Wasser!"
„Mensch hau ab!" brüllt der Keeper. „Hier gibt's nur
Whisky!"
„Okay, okay", sagt Joe. „Hoffentlich kommt das nicht zu
teuer. Mittlerweile brennt nämlich schon der ganze
Spiel-Saloon!"

„Daddy", sagt Klein-Cowboy. „Kauf mir einen echten Colt!"

„Ein paar hinter die Ohren kannst du haben", sagt Daddy. „Für einen Colt bist du noch zu winzig!"

Da wird Klein-Cowboy wild: „Verdammt, ich muß auf der Stelle einen echten Colt haben!"

„Sag mal! Wer schafft hier eigentlich an!" schreit Daddy.

„Du", antwortet ängstlich Klein-Cowboy, „weil ich noch keinen echten Colt habe!"

☆

Drei Cowboys reiten durch die Wüste.

Fragt der eine den anderen: „Jimmy, wieviel ist 2×2?"

„Vier", sagt der andere.

Da nimmt der erste den Revolver und schießt den anderen vom Pferd.

„Warum schießt du den Jimmy vom Pferd?" fragt da der dritte?

Darauf der erste: „Er wußte zu viel!"

☆

Kommt ein Cowboy in einen Saloon und wundert sich: „Warum habt ihr hier überall Sägespäne gestreut?"

„Das sind keine Sägespäne. Das sind die Möbel von gestern abend!"

Vier Cowboys sitzen beim Pokern.
Einer hat nur einen Arm. Einer hat nur ein Auge.
Einer hat nur ein Ohr.
Der vierte sagt: „Also, Freunde! Ich will keine Namen
nennen. Aber wenn derjenige, den ich meine, noch mal
eine Karte aus dem Ärmel zieht, dann schieß ich ihm
auch noch das andere Ohr weg!"

Zeitungsmeldung aus dem Wilden Westen:
Der Farmer Collins hat mit einer Kerze nachgesehen, ob
noch Benzin im Tank war. Es war noch Benzin
vorhanden. – Beerdigung Montag 3 Uhr.

Sitzt ein Cowboy an der Bar und kippt verzweifelt einen
Whisky um den anderen.
„Ich bin total fertig", erzählt er. „Schreibt mir da so ein
Kerl, daß er mich umlegen wird, wenn ich noch mal mit
seiner Braut flirte!"
„Laß halt dann die Finger von ihr!" rät man ihm.
„Aber dieser Idiot hat mir ja anonym geschrieben!"
jammert der Cowboy.

Kommt ein Cowboy in den Saloon, wirft sich auf einen
Hocker und ruft: „Ein anständiges Steak, bevor es hier
losgeht!"

Er kriegt das Steak, faltet es zusammen und läßt es mit
wenigen Bissen verschwinden.

Dann ruft er: „Jetzt einen doppelten Whiskey pur, bevor
es hier losgeht!"

Er kippt den Whiskey in einem Zug und ruft: „Noch einen
Doppelten, aber besser eingeschenkt, bevor es hier
losgeht!"

Der Keeper bringt das Gewünschte und fragt: „Kann ich
kassieren?"

„Oje", sagt der Cowboy. „Ich glaube, es geht schon los!"

Ein Farmer kommt nachts an seinem Hühnerstall vorbei
und hört verdächtige Geräusche.
„Ist da jemand?" ruft der Farmer.
Ertönt von drinnen eine Stimme: „Nein. Nur wir Hühner!"

Der Cowboy kauft ein Pferd. Das Pferd vom Pfarrer.
„Paß auf", sagt der Pfarrer. „Wenn du sagst: ‚Gott sei
Dank', dann rennt das Pferd im Galopp los. Wenn du
sagst ‚Amen', dann bleibt es stehen."

Als er in die Nähe der großen Schlucht kommt, fällt ihm
das verflixte Wort nicht ein, um das Pferd zum Stehen zu
bringen. Er versucht es mit ‚Halleluja', schreit ‚Hosanna',
nichts hilft.

Da, im allerletzten Augenblick weiß er's wieder. „Amen"
schreit er. Und das Pferd bleibt einen Viertelmeter vor
der Schlucht stehen.

„Gott sei Dank!" ruft da der Cowboy erleichtert.

Von Paukern und Trompeten

WO IST
DEIN ZEUGNIS?

DAS HAB' ICH DEM
FRITZ GEBORGT –
DER WILL DAMIT
SEINEN VATER
ERSCHRECKEN.

Der Mathelehrer hat sich eine Stunde lang abgestreßt,
um einen Lehrsatz zu erklären. Am Schluß fragt er:
„Warum also kann ich behaupten, daß die Winkelsumme
eines Dreiecks in jedem Fall 180 Grad beträgt?"
„Weil Sie der Mathelehrer sind", sagt Stefan.

Silvia fragt die Lehrerin: „Fräulein, was ist das: Hat acht
Beine, ganz lange Fühler und giftgrüne Flügel?"
„Stör jetzt nicht den Unterricht mit Dingen, die nicht
hierher gehören!" sagt streng die Lehrerin, und fügt dann
hinzu: „Nun ja, dann sag mir wenigstens, weißt du es
denn?"
„Nein", sagt Silvi. „Aber es sitzt auf ihrem Hemdkragen."

Schuljahresschluß. Es hat die Abschlußzeugnisse
gegeben, und Udo kommt strahlend nach Hause.
„Mami", sagt er, „du kannst heute stolz auf mich sein!"
„Das ist schön. Dann bist du also durchgekommen?"
„Nein, das gerade nicht. Aber von allen, die
durchgefallen sind, bin ich der Beste."

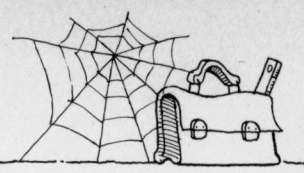

„Das ist ja schlimm mit deiner Rechtschreibung. Von jetzt
ab nimmst du den Duden, und wenn du Zweifel hast,
dann schlägst du nach!"
„Ja, schon, aber das Schlimme ist, daß ich nie Zweifel
habe!"

„Carola, deine Schrift ist absolut unleserlich. Ich bitte mir
aus, daß du von heute an deutlicher schreibst!"
„So was Blödes! Dann habe ich ständig Ärger wegen der
Rechtschreibfehler!"

„Warst du brav in der Schule?" will die Mama vom
kleinen Ernstl wissen.
„Was kann man schon anstellen, wenn man den ganzen
Vormittag in der Ecke stehen muß!" schimpft Ernstl.

„Ich werde das nie kapieren! Warum soll ich Englisch
lernen!" schimpft Dolfi.
„Überleg doch mal", sagt der Vater. „Die halbe Welt
spricht Englisch!"
„Na und?" meint Dolfi. „Reicht das immer noch nicht?"

In der Physikstunde fragt der Studienrat: „Nennt mir
einen durchsichtigen Körper!"
„Glas."
„Gut, was noch?"
„Das Schlüsselloch."

„Schmidt! Komm an die Tafel!" ruft der Professor.
„Ist krank!" schreit die Klasse.
„Ruhe! Das soll mir der Schmidt gefälligst selber sagen!"

Der Lehrer gibt dem Rudi eine Mark und schickt ihn
zum Bäcker.
„Hol bitte zwei Käsestangen. Eine bringst du mir, die
andere darfst du essen."
Kurz darauf kommt Rudi kauend zurück und gibt dem
Lehrer fünfzig Pfennige.
„Die haben nur noch eine Käsestange gehabt", erklärt er.

Fragt der Lehrer: „Wie heißt die Befehlsform von Schweigen?"
Antwortet der Schüler: „Pssst!"

In der Pause hat Charlie eine gute Idee:
„Wer jetzt das dümmste Gesicht machen kann, der hat gewonnen. Kapiert?"
Alle geben sich die größte Mühe und verrenken ihre Gesichtszüge. Schon nach kurzer Zeit ist man sich einig.
„Hugo ist der Sieger!"
Aber Hugo brummt: „Ich hab doch gar nicht mitgespielt!"

„Ist eure Lehrerin streng?"
„Streng ist gar kein Ausdruck. Die brüllt in Biologie sogar die Goldfische an, wenn sie nicht herschauen."

„Was ist die größte Kulturleistung der alten Römer?"
„Daß sie Latein verstanden haben."

Chris kommt wieder einmal zu spät zur Schule.
„Welche Ausrede hast du heute?" fragt die Lehrerin.
Chris: „Keine."
Und die Lehrerin: „Und das soll ich dir glauben?"

Im Klassenzimmer geraten zwei in heftigen Streit.
„Du bist der blödeste Hund, der mir je über den Weg
gelaufen ist!" brüllt Pitt.
„Der blödeste Hund bist du, nur daß du's weißt!" schreit
Toni.
Da mischt sich der Lehrer ein: „Ruhe! Ihr vergeßt wohl,
daß ich auch noch da bin!"

☆

Hubert will die Schule schwänzen. Aus diesem Grund hat
er sich einen raffinierten Trick ausgedacht.
Er ruft im Sekretariat an und tönt mit tiefer Stimme:
„Der Schüler Hubert kann heute wegen Krankheit die
Schule nicht besuchen!"
„Wer ist denn am Apparat?" fragt die Sekretärin.
„Mein Vater", sagt Hubert.

☆

Andi stöhnt: „Immer quatschen sie von Lehrermangel. Bei
uns fehlt nie einer!"

☆

„Kannst du mir eine Stadt aus dem Ruhrpott nennen?"
fragt der Lehrer.
„Gern", antwortet der Schüler. „Welche?"

„Was ißt du da?"
„Kaugummi."
„Nimm ihn sofort aus dem Mund und wirf ihn weg!"
„Darf ich nicht."
„Warum nicht?"
„Den hat mir der Paule geliehen!"

☆

Kurtchen mault: „Ich mag nicht mehr in dem Scheiß-
Schultheater mitspielen. Und schon gar nicht mehr bei
den ewigen Proben!"
„Ich versteh dich nicht. So ein Schultheater ist doch eine
feine Sache."
„Aber nicht, wenn die das Dornröschen spielen, und ich
den Küchenjungen machen muß, der immer vom dicken
Koch eine Ohrfeige bekommt!"

☆

Bruchrechnen in der Schule:
„Was erhalte ich, wenn ich eine Semmel durch zwei
teile?"
„Zwei halbe Semmeln."
„Und wenn ich die halben Semmeln wieder teile?"
„Vier Viertel."
„Und was kriege ich, wenn ich die vier Viertel durch
zweiunddreißig teile?"
„Semmelbrösel!"

„Zur Strafe schreibst du einen Aufsatz! Thema: Ein
Sonntagserlebnis. Der Aufsatz wird drei Seiten lang!"
befiehlt Studienrat Klaffke.
Am nächsten Tag gibt Thomas seinen Aufsatz ab. Ganze
drei Seiten! Der Aufsatz lautet:
„Wir gingen am Sonntag spazieren. Plötzlich war der
Hund weg. Da liefen alle den ganzen Nachmittag durch
die Gegend und riefen: Hallo hallo hallo hallo hallo hallo
hallo (usw. drei Seiten lang)."

Jupp kommt von der Schule nach Hause. Sein Vater fragt:
„Was habt ihr heute gehabt?"
„Chemie."
„Und was habt ihr gelernt?"
„Wie man Sprengstoff herstellt."
„Und was habt ihr morgen in der Schule?"
„In welcher Schule?"

Es unterhalten sich zwei Mütter. Sagt die eine:
„Meine Heidi erzählt zu Hause überhaupt nichts von der
Schule. Ich finde das sehr unangenehm."
„Seien Sie nur froh", sagt die andere. „Jutta erzählt mir
alles. Seitdem kann ich keine Nacht mehr ein Auge
zutun!"

„Sehen Sie, Herr Kollege", sagt ein Professor zum anderen. „Da lümmelt sich wieder die ganze elfte Klasse zum Fenster hinaus!"
„Unglaublich, unglaublich!" sagt der andere. „Und wenn dann einer hinunterfällt, dann will's wieder keiner gewesen sein!"

„Was ist die Steigerung von leer?"
„Lehrer!"

„Wenn du jetzt deine Mathe-Aufgaben ordentlich machst", verspricht der Vater, „dann zahle ich dir den Eintritt für das Bayern-Spiel!"
„Und wenn das Stadion schon ausverkauft ist, dann habe ich die ganze Arbeit umsonst gemacht!" mault Marco.

Große Schlacht im Schulhof. Die eisigen Schneebälle
zischen nur so durch die Luft.
Im Klassenzimmer gibt es dann einen Riesenkrach von
Dr. Karl: „Und wenn die Großen Schneebälle auf euch
werfen, so hättet ihr mich sofort holen müssen!"
Da lacht Herbert.
„Herbert! Warum lachst du!"
„Sie werden doch nicht sagen wollen, daß Sie besser
getroffen hätten als wir!"

„Nennt mir Nagetiere!"
„Häschen"
„Mäuschen"
„Stachelschweinchen"
„Jetzt laßt mal dieses blödsinnige -chen fort!"
„Eichhörn . . .?"
„Also gut, das ist eine Ausnahme."
„Kanin . . .???"

„Rechnet die Aufgabe mehrmals durch, damit ihr eine
Kontrolle habt. Und schreibt dann das Ergebnis hin!" sagt
der Mathefix.
„Sollen wir dann sämtliche Ergebnisse hinschreiben?"
meldet sich einer.

Die Lehrerin streßt sich ab, um ihren Schäfchen das
Teilen beizubringen.
„Du hast 38 Nüsse", sagt sie zu Ulrike. „Nun sollst du die
Hälfte deinem Bruder geben. Wieviele Nüsse bekommt
er?"
„Elf", sagt Ulrike.
„Das ist zum Verzweifeln! Jetzt kannst du immer noch
nicht richtig teilen!"
„Ich schon, aber mein Bruder nicht!"

„Wochenlang erzählt der Pfarrer, wie der erste und der
zweite Mensch erschaffen worden sind."
„Der traut sich doch bloß nicht zu erzählen, wie der dritte
Mensch erschaffen wurde", sagt Uli.

Mathematikstunde am Montagmorgen. Keiner ist
ausgeschlafen. Alles geht zäh.
Da stupst Petra ihre Nachbarin: „Wie spät ist es?"
„Halb zehn."
„Mensch, ist das eine Woche! Die nimmt und nimmt kein
Ende!"

„Das gibt's doch nicht! Jetzt hast du die Prüfung zum zweitenmal nicht bestanden! Unerhört so was!!!" tobt Papi. „Was kann ich dafür, wenn diese bescheuerten Idioten heuer genau die gleichen Fragen stellen wie im vorigen Jahr!"

Der Tunnelbau-Chefingenieur erklärt der staunenden Schulklasse: „Wir bohren den Berg von beiden Seiten an und treiben die Stollen vor. Und genau in der Mitte trifft man sich."
„Spitze! – Aber was ist, wenn man sich nicht trifft?"
„Dann", sagt strahlend der Ingenieur, „bekommen wir zwei Autobahntunnels!"

Die Lehrerin heiratet und verabschiedet sich von ihrer Klasse. Alles ist zu Tränen gerührt.
„Und wenn mir der Klapperstorch einmal ein Kindchen bringt, dann besucht ihr mich. Ja?" sagt sie.
Hugo flüstert grinsend seinem Nachbarn zu: „Mensch, die wird sich bald wundern..."

Der clevere Roland will mit seinem Lehrer sprechen.
Und zwar unter vier Augen.
„Also, was ist?" fragt der Lehrer.
„Die Sache ist so", erklärt Roland. „Mein Vater hat mir ab
jetzt für jeden Einser zehn Mark versprochen. Verstehen
Sie? Und da hab ich mir gedacht... weil Sie ja auch so
viel Mühe mit mir haben... und auch so... also gut: Sie
und ich, wir machen halbe-halbe."

Die Maßeinheiten werden durchgenommen:
„Es gibt Millimeter, Dezimeter, Zentimeter... Was noch?"
„Elfmeter", sagt Uwe.

„Lieber Gott", betet Sabinchen vor dem Schlafengehen,
„mach bitte, daß Amsterdam die Hauptstadt von Brasilien
wird! Ich habe das nämlich heute in der Erdkundeprobe
geschrieben!"

Und wieder einmal betet Sabinchen vor dem
Schlafengehen: „Lieber Gott, morgen haben wir Diktat.
Laß bitte nicht mehr zu, daß ich so viele
Rechtschreibfehler mache!" Dann denkt sie einen
Augenblick nach und sagt: „Und übrigens habe ich dich
schon einige Male darum gebeten!"

Simon kommt zu spät zur Schule. Auf der Treppe trifft er
den Rektor.
„Zehn Minuten zu spät!" sagt streng der Rektor.
„Ich auch!" sagt Simon.

Sie kommen in der Optik zu den geschliffenen Linsen.
„Warum also kann man Fensterglas nicht für Brillen
verwenden?" fragt der Physiklehrer den Max.
„Also, weil … Also erstens, weil das Fensterglas
viereckig ist, und zweitens, weil es viel zu groß ist!"

„Nehmt eure Hausaufgabenhefte und schreibt auf: die letzten drei Aufgaben von Seite 109, dann die ganze Seite 110, die ersten zwölf Aufgaben Seite 111 ..."
„... mein armer Papi!" seufzt da Susilein.

☆

„Warum fehlt heute der Martin?"
„Der ist eine Leiter heruntergestiegen, die vorher ein anderer weggetan hat!"

☆

„Warum fliegen die Zugvögel im Herbst in den Süden?"
„Weil sie nicht gehen können. Das würde zu lange dauern."

☆

„Wie heißt du?" fragt der Pfarrer einen Schüler.
„Hans", sagt der.
„Du heißt Johannes!" sagt der Pfarrer.
Dann fragt er den nächsten.
„Sepp", sagt der.
„Du heißt Joseph!" verbessert der Pfarrer und fragt den dritten.
„Ich heiße Jo-Kurt", sagt der stotternd.

☆

Der dicke Professor Wamperl gibt Biologie.
„Welche Muskeln treten in Bewegung, wenn ich einen
Dauerlauf mache?" fragt er.
„Die Lachmuskeln!" schallt es ihm aus der Klasse
entgegen.

Bei Kammermeiers haben sie Zwillinge bekommen.
Georg erhält deshalb einen Tag schulfrei.
„Was hat der Lehrer gesagt, als er von den Zwillingen
erfahren hat?" fragt Mutti.
„Vom zweiten Kind habe ich noch gar nichts gesagt. Das
spare ich mir für den nächsten Monat auf!" sagt Georg
schlau.

Auf einmal stinkt es in der Klasse fürchterlich. Alle
wissen, daß der Hannes schuld daran ist, und der Lehrer
wirft ihn hinaus.
Während Hannes vor der Türe wartet, bis er wieder
zurückdarf, kommt der Direktor vorbei und fragt:
„Warum stehst du da heraußen?"
„Weil's drinnen so stinkt", sagt Hannes.

Sie sollen einen Aufsatz schreiben zu dem Thema:
„Ehrlich währt am längsten."
Andreas weiß Bescheid: „Wenn ich meinen Aufsatz
ehrlich ganz selber schreibe, brauche ich am längsten",
schreibt er.

Schülervorstellung im Zirkus Fratelli. Die Dompteuse ist
ein steiler Zahn. Mutig geht sie zu einem Löwen hin, faßt
ihn bei den Ohren und gibt ihm einen Kuß.
„Na, wer traut sich das nachzumachen?" ruft dümmlich
der Ansager ins Mikrophon.
Da arbeitet sich Leopold, der Stärkste der Klasse, vor
und sagt: „Ich mach's! Aber nehmen Sie vorher die
Löwen fort!"

„Wenn alle reden, kann ich mein eigenes Wort nicht
verstehen!" ruft Studienrat Liebl in die Klasse.
Stimme aus dem Hintergrund: „Da versäumen Sie nicht
viel!"

Marina kann nicht entziffern, was der Lehrer an den
Rand ihres Aufsatzes gekritzelt hat.
„Was soll das, bitte, heißen?" fragt sie.
„Deutlicher schreiben!" sagt der Lehrer.

☆

„Hör mal! 43 Fehler in einem einzigen Aufsatz! Schämst
du dich denn gar nicht mehr!" Papa ist ganz außer sich.
„Das liegt nur am Lehrer!" sagt Alexander. „Der sucht und
fieselt. Bloß, daß er etwas findet!"

☆

„Hallo! Wo gibt es denn so was!" ruft der Lehrer und
rüttelt den Toni wach. „Weißt du, was du bist!" sagt er.
„Ja, ein aufgeweckter Schüler", sagt Toni.

☆

Damit die Lehrerin in Ruhe korrigieren kann, legt sie
ihren Hut aufs Pult und sagt: „Macht jetzt bitte eine
Sachbeschreibung von meinem Hut!"
Dann wird es still, und zwanzig Federn kritzeln.
Da meldet sich Marina: „Bitte Fräulein, schreibt man
schäbig mit ‚e' oder mit ‚ä'?"

In der Religionsstunde müssen sie ein Bild mit Engeln zeichnen.

„Aber Susi! Deine Engel haben ja drei Arme. Hast du schon einmal einen Engel mit drei Armen gesehen?" sagt staunend der Relix.

„Und?" sagt Susi. „Haben Sie schon einmal einen Engel mit zwei Armen gesehen?"

Vater trifft den Lehrer von Florian und fragt ihn:
„Jetzt möchte ich wissen, warum sie meinen Sohn heute aus der Schule heimgeschickt haben!"
„Er sagte doch, seine Schwester hätte die Masern."
„Ja, schon. Aber die wohnt in Kanada!"

„Wenn ihr bis morgen nicht die Zugvögel im Kopf habt, könnt ihr was erleben!" droht der Lehrer.

Großer Elternabend mit Schultheater. Die meisten Gäste sind schon da. Nur Frau Häberlein kommt etwas später. Monika geht ihr entgegen und fragt höflich: „Frau Häberlein, Sie haben noch nichts zum Sitzen?"
„Doch", sagt Frau Häberlein. „Zum Sitzen hab ich schon was. Mir fehlt nur ein Stuhl."

Schulaufsatz Nr. 1: „Besuch beim Onkel."
Die Klasse arbeitet, daß es knistert. Nur Tobias gibt nach
wenigen Minuten zufrieden ab.
„Mein Onkel war leider nicht zu Haus", sagt er.

☆

Schulaufsatz Nr. 2: „Es ist nicht alles Gold, was glänzt –
nenne ein Beispiel für dieses Sprichwort!"
„Die Hose unseres Herrn Lehrers."

☆

Schulaufsatz Nr. 3: „Erlebnisse auf dem Schulweg."
Helmut Schimmchen gibt ein leeres Blatt ab.
„Was ist denn mir dir los?" fragt der Lehrer.
„Ich bin der Sohn vom Hausmeister", sagt Helmut.

☆

Schulaufsatz Nr. 4: „Beschreibe ein Fußballspiel!"
Fritz hat nichts geschrieben. „Der Platz war
unbespielbar", sagt er.

☆

Schulaufsatz Nr. 5: „Was ist Faulheit?" lautet das Thema,
und sie sollen mindestens drei Seiten schreiben.
Moritz gibt drei Seiten ab. Auf der ersten Seite steht:
„Das", auf der zweiten „ist" und auf der dritten Seite
„Faulheit".

Katrin trippelt in der Schulpause von einem Bein aufs andere.

„Was hast du denn?" fragen die anderen. „Mußt du aufs Klo?"

„Ja, dringend!"

„Na, dann geh halt!"

„Ich bin doch nicht blöd! Jetzt in der Pause!"

Alexander kommt zwei Stunden zu spät in die Schule, hat den Arm in der Schlinge und einen Verband um den Kopf.

„Warum kommst du so spät?" fragt der gestrenge Herr Studienrat Götzfried.

„Entschuldigen Sie, ich bin vom zweiten Stock unseres Hauses in den Garten gefallen."

„Papperlapapp!" sagt der Herr Studienrat. „Das kann doch keine zwei Stunden gedauert haben!"

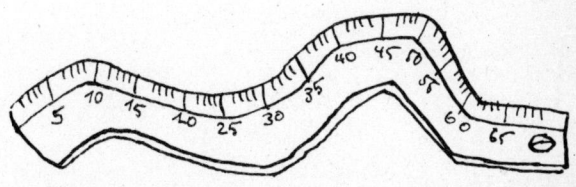

Eine mysteriöse Geschichte:
Die Klasse sitzt da, der Lehrer redet. Plötzlich geht die
Türe auf. Kommt einer herein, geht schweigend zur
Wasserleitung, trinkt, und verschwindet wieder. Und das
passiert seit Wochen an jedem Tag.
Endlich wird es dem Lehrer zu dumm. Er stellt den Kerl:
„Sag mal, du kommst jeden Tag herein, trinkst an der
Wasserleitung und verschwindest wieder. Wer bist du
eigentlich?
Da sagt der: „Ich bin der, der jeden Tag hereinkommt, an
der Wasserleitung trinkt und wieder verschwindet"
– und war schon verschwunden.

☆

Luise kommt von der Aufnahmeprüfung ins Gymnasium
nach Hause.
„War's schwer?" fragt Mutti.
„Überhaupt nicht. Das hättest sogar du geschafft!"

☆

Physikstunde. „Wie entsteht ein luftleerer Raum?" will der
Lehrer wissen.
„Wenn ich mit meinem Fahrrad über Glasscherben
fahre", erklärt Anke.

86

Rififi

Tresor-Jimmi und Gamaschen-Joe sind in einen
Tresorraum eingedrungen. Kunstgerecht schweißen sie
einen Geldschrank auf. – Er ist leer!
Sie machen sich an den zweiten. Auch der ist leer.
Ebenso der dritte, der vierte – und so weiter.
Sie arbeiten wie die Irren.
Beim zehnten Mal dämmert es dem Jimmi:
„Mensch! Wir Idioten! Wir sind nicht in die Staatsbank,
wir sind in die Tresorfabrik eingebrochen!"

Erregt stürmt ein Gefängniswärter in den Wachraum und
ruft: „Tresor-Jimmi ist ausgebrochen!"
„Gott sei Dank", sagt einer der Wärter. „Das ewige
Gefeile an den Gitterstäben ist mir schon lange auf die
Nerven gegangen!"

☆

Mit vorgehaltener Pistole stürmt Tresor-Jimmi in die
Bank, brüllt: „Überfall!", rennt zur Kasse und schiebt dem
Kassier einen Zettel zu!
Der Kassier liest den Zettel und gibt ihn zurück mit den
Worten: „Sind Sie sicher, daß das der richtige Zettel ist?"
Entsetzt liest Jimmi: „2 Kilo Kartoffeln, Kaffee, 10 Eier und
frische Petersilie nicht vergessen!"

„Ich habe den Kläger nicht niedergeschlagen!" beteuert
Tresor-Jimmi vor Gericht. „Ich habe ihn überhaupt nicht
berührt! Das können Sie glauben, Hoher Herr
Gerichtshof! Aber ehrlich!"
„Ja, der Kläger sagt aber, daß Sie ihn dreimal auf den
Kopf geschlagen haben!"
„Das kann der Mann nicht sagen! So was kann der gar
nicht wissen! Wo er doch schon beim ersten Schlag down
war!"

„Ich brauch endlich wieder Haushaltsgeld", sagt die Frau
von Tresor-Jimmi.
„Ist gut", sagt Jimmi. „Warte, bis die Banken geschlossen
haben!"

FOLGT MIR OHNE BEWEGUNG —
MEIN FREUND
HAT DAS
HAUS
UMSTELLT!

Tresor-Jimmi steht vor Gericht. Er hat einen tüchtigen Anwalt, der beweisen kann, daß Jimmi unschuldig ist. Darum wird Jimmi freigesprochen.

Als er als freier Mann den Gerichtssaal verläßt, zupft ihn der Anwalt am Ärmel und fragt: „Jetzt, wo alles vorbei ist, einmal ganz ehrlich: Haben Sie den Einbruch begangen oder nicht?"

„Ganz ehrlich: Nein!" sagt Jimmi.

„Ja, verdammt noch mal", der Anwalt bekommt einen roten Kopf. „Womit wollen Sie dann mein Honorar bezahlen!"

Ganovenchinesisch:

Was heißt ‚Dieb' auf chinesisch?	Lang Fing
Was heißt ‚Polizist' auf chinesisch?	Lang Fing Fang
Was heißt ‚Polizeipistole'?	Lang Fing Fang Päng
Und was heißt ‚Polizeihund'?	Lang Fing Fang Wau

Und wieder einmal wird Tresor-Jimmi freigesprochen. „Man hat Ihnen nicht hundertprozentig nachweisen können, daß Sie den Geldtransport überfallen haben", sagt der Richter.

„Soll das heißen, daß ich die zwei Millionen behalten darf?" fragt Jimmi glückstrahlend.

Der Kommissar tobt. Seine Leute haben wieder einmal total versagt.

„Ich habe euch doch gesagt, ihr sollt sämtliche Ausgänge besetzen! Und nun sind die Ganoven doch entkommen!"

„Ja, Chef, aber durch den Eingang!"

Tresor-Jimmis Sohn kommt von der Prüfung nach Hause.

„Wie war's?" fragt der Vater.

„Spitze!" strahlt der Sohn. „Drei Mann haben mich stundenlang verhört und kein Wort aus mir herausbekommen!"

Der Richter wird böse. „Warum haben Sie das Auto geklaut!"

„Hoher Herr Gerichtshof", sagt Gamaschen-Willi. „Das betreffende Auto stand ganz allein vor einem Friedhof. Da habe ich geglaubt, daß der Besitzer tot ist. Und wenn er tot ist, nicht wahr, dann braucht er doch kein Auto mehr."

Tresor-Jimmi und sein Freund, der Gamaschen-Willi,
sitzen im Zuchthaus und möchten gerne heim zu Mami.
Das Gitter ist bereits zersägt. Da knüpft Jimmi ein
Bettlaken zusammen zu einem Seil und wirft es zum
Fenster hinaus.
„Sieh nach, ob es reicht!" befiehlt er Willi.
Willi klettert hinunter und kommt zurück.
„Zu kurz!" sagt er.
Tresor-Jimmi knotet weiter. Dann sagt er zu Willi:
„Sieh nach!"
Willi klettert wieder hinunter und kommt zurück:
„Scheiße!" sagt er. „Jetzt ist es zu lang!"

Tresor-Jimmi trifft seinen Freund Killermann.
„Wie geht's?" fragt Killermann.
„Gut. Habe fünf Kilo abgenommen!"
„Wem?" fragt Killermann.

Tresor-Jimmi und Gamaschen-Willi haben einen riesigen
Geldschrank geklaut. Aus allen Poren schwitzend
schleppen sie ihn nachts durch die Straßen.
„Hab ich's nicht gesagt!" schimpft Willi. „Kaum haste Geld,
fangen die Sorgen an!"

Verfolgungsjagd. Die Kugeln pfeifen durch die Luft. Da sagt Tresor-Jimmi zu seinem Freund, dem Gamaschen-Willi: „Willi, du gehst um die Ecke und siehst nach, wo die Bullen sind!"

„Ich bin doch nicht blöd! Daß die aus mir ein Sieb machen!" meckert Willi.

„Keine Angst!" sagt Jimmi. „Du wirst gerächt!"

☆

Tresor-Jimmis Sohn wird musisch erzogen. Der Sohn geht in die Violinstunde und öffnet den Geigenkasten. Da sieht er eine Maschinenpistole drin.

„Verdammter Mist!" sagt er. „Jetzt steht Papi mit der Geige in der Staatsbank!"

Tresor-Jimmi hat Krach mit seinem Freund, dem
Gamaschen-Willi.
„Wenn du jetzt nicht sofort die Luft anhältst", brüllt Jimmi,
„dann schlage ich dir alle Zähne aus bis auf einen."
„Wieso, bitte, bis auf einen?" fragt Willi.
„Den laß ich dir fürs Zahnweh!"

Der Richter fragt den Jimmi: „Wie sind Sie in den
Tresorraum gekommen?"
„Bitte, Herr Vorsitzender", sagt Jimmi. „Das kann ich jetzt
nicht sagen, wo die ganze Konkurrenz im Saal anwesend
ist!"

Bronzi, der Taschendieb, blättert im Modeheft.
„Möchtest du dich etwa feinmachen?" fragt Gamaschen-Willi.
„Du Anfänger!" sagt Bronzi. „Ich muß mich doch informieren, wo man in der kommenden Saison die Taschen trägt!"

Tresor-Jimmi hat es erwischt. Er sitzt in der Todeszelle. Der Pastor besucht ihn.
„Was hat dich hierher geführt, mein Sohn", fragt er.
„Mein Glaube", sagt Jimmi.
„Dein Glaube?"
„Ja. Ich habe geglaubt, daß die Bank keine Alarmanlage hätte!"

Nun sitzt Tresor-Jimmi auf dem Elektrischen Stuhl.
„Haben Sie noch einen letzten Wunsch?" fragt der
Staatsanwalt.
„Ja", sagt Jimmi. „Wenn Sie mir bitte während der
Hinrichtung die Hand halten könnten..."

Gamaschen-Willi hat eine Brieftasche geklaut und wurde
erwischt. Er habe nicht gemerkt, daß es sich um eine
fremde Brieftasche handelte, versucht er dem Richter
einzureden.
„Aber das sieht man doch, wenn es eine fremde
Brieftasche ist!" sagt der Richter.
„Eben nicht", antwortet Willi. „Die Geldscheine kamen
mir alle so bekannt vor!"

☆

Gamaschen-Willi liegt am Boden, von Kugeln durchsiebt.
Erschüttert stehen seine Kollegen um ihn herum.
„Und kein Tresor konnte ihm widerstehen!" sagt einer.
„Keine Woche verging, ohne daß er im Polizeibericht
erwähnt wurde", meint ein anderer.
„Zehn ausgewachsene Männer konnte er unter den Tisch
saufen", sagt ein dritter.
„Traurig, traurig", sagt einer seiner Freunde. „Da muß
einer erst tot sein, ehe seine Freunde Gutes über ihn
sagen!"

Und dann hat es auch noch den Chef des Syndikates
erwischt. Von einem Freund, der ihn ein bißchen ärgern
wollte, wurde sein Auto präpariert. Darum flog der Chef
in die Luft.
Nun stehen seine Leute vor dem, was von ihm
übriggeblieben ist, und jeder fühlt sich gedrängt, etwas
Gutes über den Dahingegangenen zu sagen. Aber
keinem fällt etwas ein.
Endlich weiß einer etwas: „... aber, er war immer gut
rasiert!" sagt er.

Geschwister, Oma, Tante und andere Verwandte

WAS FÜR HERRLICHE BLUMEN!
DIE GLEICHEN HABE ICH
IM GARTEN!

HATTEST DU,
TANTCHEN,
HATTEST DU...

„Deine Trompete, die du mir geschenkt hast, hat mir schon viel Geld eingebracht", erzählt Thomas seinem Onkel Ernst.

„Kannst du denn damit schon so gut spielen?"

„Das nicht. Aber Papa gibt mir oft eine Mark, nur, damit ich aufhöre."

☆

„Sag mal, Tante Käthi, warum hast du keine Kinder?"

„Ach, weißt du, Klausilein, der Klapperstorch hat mir keine Kinder gebracht."

„Also, jetzt wird mir die Sache schon klar. Wenn du noch an den Klapperstorch glaubst, dann kannst warten, bis du alt und schimmlich wirst!"

☆

Die liebe Tante Ernestine kommt zu Besuch und freut sich:

„Ich finde es herzig, daß mich die Kinder nach so langer Zeit gleich wieder erkannt haben!"

„Ist ja klar", sagt Trude. „Besuche, die nichts mitbringen, merkt man sich eben."

☆

Die Mädchen unterhalten sich leise.
„Sag mal, ist dein Bruder immer so still", flüstert Gine.
„Nein! Den solltest du mal essen hören!" antwortet Antje.

„Mein Bruder muß echt krank sein", sagt Ute.
„Er jammert über schreckliche Bauchschmerzen, obwohl heute gar keine Schule ist."

„Was macht der Gesangsunterricht deiner Schwester?" wird Sissi gefragt.
„Wird schon besser. Jetzt können wir schon die Watte aus den Ohren nehmen, und schön langsam dürfen wir auch die Fenster wieder aufmachen."

Sabine telefoniert mit ihrer Brieffreundin in Paris. Dabei spricht sie wie üblich sehr laut.
„Wer brüllt denn da so?" fragt Bruder Gerold, der soeben nach Hause kommt.
„Psst", sagt Mutti. „Sabine spricht gerade mit Paris!"
„Warum benutzt sie dazu nicht das Telefon?" antwortet Gerold.

Mutti fragt Marco: „Was hättest du lieber, ein Brüderchen oder ein Schwesterchen?"

„Tja, wenn du mich schon fragst, und wenn es dir egal ist und es dich nicht zu sehr anstrengt – also ein Rennrad wäre mir am liebsten!"

☆

Opa kommt zu Besuch und schleppt eine Menge Geschenke mit.

„Wem soll ich die Trommel geben?" fragt er.

Mutti meint: „Gib sie dem Klausi. Er ist der Jüngste und macht sie am schnellsten kaputt!"

☆

„Lars! Hast du den Max auf den Kopf geschlagen?"

„Ja. – Aber die krummen Beine hat er vorher schon gehabt!"

☆

Simon ist ein Morgenmuffel. Wieder einmal ist er zu spät aufgestanden, motzt Mutti an, meckert über das Frühstück, versucht mit seiner Schwester Ruth zu streiten und verschwindet zuletzt grußlos.

Da ruft ihm Ruth auf die Straße nach: „Simon, komm zurück! Du hast was vergessen!"

Simon kehrt um. „Was ist los?" fragt er.

„Du hast vergessen, die Türe zuzuknallen!" sagt Ruth.

„Na, allmählich lernst du es auch", lobt Vati die Renate,
als sie den Telefonhörer schon nach zehn Minuten
wieder auflegt. „Wer war es denn?"
„O, nur falsch verbunden", sagt Renate.

☆

„So ein verdammt schlechtes Zeugnis!" tobt Vater.
„Für so was müßte es eigentlich Prügel geben!"
Der Sohn ist begeistert.
„Du, ja! Das ist eine Idee. Ich weiß, wo mein Lehrer
wohnt!"

☆

Richard ist total verfressen.
„Kann ich zwei Stück Kuchen haben?" ruft er über den
Kaffeetisch.
„Kannste", sagt seine Schwester. „Nimm ein Messer und
schneid dir dein Stück noch mal durch!"

„Papileinchen. Bitte, bitte schenk deinem Irmilein ein
paar Mark!"
„Aber nur, wenn du dieses kindische Gerede sein läßt!
Das ist ja furchtbar!"
„Hast recht, Alter. Rück die Kohlen raus. Aber heute
noch!"

☆

Rupert kriegt eine Strafe nach der anderen. „Das kommt
daher, daß mich der Lehrer nicht leiden kann. Wo es
geht, schikaniert er mich", beklagt sich Rupert bei
seinem Vater.
Der beschließt, in die Schule zu gehen und sich beim
Lehrer zu beschweren.
„Reden wir nicht lange herum", sagt der Lehrer. „Sehen
Sie sich die Sache selbst an." Dann ruft er den Rupert
heraus.
„Wieviel ist 9 x 8?" fragt der Lehrer.
„Siehst du, siehst du!" sagt Rupert zu seinem Vater.
„Jetzt fängt er schon wieder an!"

☆

Ivo kommt mit einem Riesenverband um den Kopf in die
Schule.
„Mensch, Ivo! Was ist denn dir passiert?"
„Mich hat eine Mücke gestochen!"
„Aber da braucht man doch keinen Riesenverband!"
„Wegen der Mücke nicht. Aber mein Bruder hat die
Mücke mit der Schaufel erschlagen!"

Die Zwillinge Billi und Willi sind sich zum Verwechseln ähnlich, und keiner aus der Nachbarschaft kennt sie auseinander.

„Gibt es denn kein Unterscheidungsmerkmal zwischen euch beiden?" fragt die Hausmeisterin.

„Doch", bekommt sie zur Antwort. „Der Billi ist besser im Rechnen, und ich bin besser in Englisch."

Bei Müllers klingelt das Telefon. Der kleine Heini hebt den Hörer ab, stellt sich aber schrecklich dumm an, weil er noch so klein ist.

Da sagt der Anrufer: „Hör mal, bist du allein zu Hause?"

„Nein", piepst Heini. „Meine Schwester ist noch da."

„Dann hol endlich deine Schwester ans Telefon, verdammt noch mal!"

Klein Heini trabt los. Lange hört man gar nichts. Dann ein fürchterliches Geschrei. Endlich kommt Heini ans Telefon und sagt weinerlich: „Ich kriege sie nicht aus dem Laufstall heraus!"

Tobias kommt zum Lehrer: „Kann ich morgen frei haben? Meine Großmutter . . ."

„Ich weiß, ich weiß", sagt der Lehrer, „ist krank."

„I wo, meine Großmutter steht morgen im Volleyball-Endspiel vom Sportclub der grauen Panther, und ich muß für ihre Mannschaft brüllen!"

„Du hast zwei Äpfel, einen großen und einen kleinen, und sollst mit deinem Bruder teilen. Was tust du?" fragt der Religionslehrer.
„Das kommt darauf an", sagt Katja, „ob ich mit meinem großen oder mit meinem kleinen Bruder teilen muß."

Hugo brütet über einem Kreuzworträtsel und fragt seinen Bruder Klaus: „Weißt du den Namen einer Muse?"
„Pampel", antwortet Klaus.

„Schau, mein Armreif ist aus Elfenbein", sagt Susi zu ihrer Freundin.
„Die armen, armen Elfen", meint traurig die Freundin.

„Mein Bruder wünscht sich zu Weihnachten eine elektrische Bohrmaschine."
„So ein Faulpelz! Kann der nicht wie jeder andere mit dem Finger in der Nase bohren!"

„Sag mal, das darf doch nicht wahr sein, dein kleiner
Bruder raucht!"
„Och, nicht immer. Nur, wenn er besoffen ist."

☆

Klein Nicki hat noch nie ein Wort geredet! Solange er auf
der Welt ist noch kein Wort. Nichts half, kein Doktor und
kein Garnichts. Die Familie lebte in Gram und Aufregung
dahin.
Da, eines Tages sitzen sie beim Frühstück, und auf
einmal sagt Klein Nicki: „Verdammt noch mal! Wo ist
heute die Marmelade?"
Darauf große Aufregung: „Ja Schätzchen, du kannst ja
reden! Eieiei! Aber warum hast du denn bisher nichts
gesagt?"
„Bisher war ja immer Marmelade da", sagt Klein Nicki.

„Redet deine Schwester immer so viel?"
„Und ob. Letztes Jahr an der Adria hat sie sich einen
Sonnenbrand an der Zunge geholt!"

☆

„Einfach toll, wie deine Schwester schlank geworden ist!
Wie sie das bloß macht!"
„Das kommt von ihrer chinesischen Schlankheits-Diät."
„Und wie geht das?"
„Wochenlang nichts als ganz dünne Hühnerbrühe,
verdünnt mit Wasser, und das ganze mit Stäbchen
essen…"

☆

Markus streitet mit seinem Bruder Martin.
„Du kannst quatschen, soviel du willst", brüllt er. „Das
geht bei diesem Ohr hinein, und bei diesem wieder
hinaus!"
„Klar", sagt Martin. „Ist ja nichts dazwischen, das es
bremsen kann."

☆

Die Großen spielen Supermarkt, und der kleine Bruder
Christian nervt sie, weil er unbedingt mittun möchte.
„Also gut", sagt Sabine. „Du darfst den Käse machen.
Stellst du dich hier in die Ecke und stinkst!"

„Also, Frau Kiefhaber, so geht das wirklich nicht. Ihre drei Söhne sitzen auf meinem Apfelbaum und essen mir eine der schönen Früchte nach der anderen weg!"
„Zum Donnerwetter! Das ist doch allerhand! Drei sagen Sie? Wo haben denn diese Kerle wieder ihren kleinen Bruder gelassen!"

„Was wünschst du dir zu Weihnachten?" wird Regina gefragt.
„Eine Gegenfrage: Bekommt Uli das Schlagzeug, das er sich wünscht?"
„Ja."
„Dann wünsche ich mir ein Rennrad, damit ich rasch hier wegkomme!"

Sie spielen Monopoly. Aber sie haben keine Ruhe, weil der kleine Andreas auch mittun will und von allem natürlich keine Ahnung hat.
Da nimmt Gertrud ihren kleinen Bruder, setzt ihn auf einen hohen Schrank und sagt: „So Andreas, du hast jetzt einen Wolkenkratzer gekauft. Genieß schön die Aussicht, und halt dich ruhig, damit du nicht herunterfällst!"

Schwesterchen hat Pilze gekocht. Es schmeckt allen ganz
prima.
„Wo hast du denn das Rezept gefunden?" fragt der
Bruder während des Essens.
„In einem Krimi", sagt Schwesterchen.

Meinrad hat mit seinen Freunden eine Band gegründet.
Sie proben auf Teufelkommraus. Dann beschließen sie,
öffentlich aufzutreten.
Riesige Plakate hängen an den Bushaltestellen und laden
Groß und Klein zum Kommen ein.
„Mitbringen von Hunden verboten! Der Tierschutzverein",
hat Tanja, Meinrads Schwester, daruntergekritzelt.

Jenny hat einen Kuchen gebacken und stellt ihn auf die
Kellertreppe zum Kaltwerden. In einem unbewachten
Augenblick hat ihn Bello, der Hund, weggefressen.
„Mach dir nichts draus", tröstet der Bruder die
todunglückliche Jenny. „Wir bringen den Bello zum
Tierarzt, dann ist alles halb so schlimm!"

☆

„Als was soll ich zum Maskenfest gehen?" fragt Jenny ihren Bruder. „Die Maske muß aber schnell zu machen sein, ich hab wenig Zeit!"
„Weißt du was?" sagt der Bruder. „Du steckst dir Wachs in die Ohren. Dann kannst du als Taube gehen."

☆

Sie sitzen im Zirkus. Tobias kommt zu spät und drängt sich an seiner Schwester vorbei. Da zuckt sie schmerzhaft zusammen.
„Habe ich dich getreten?" fragt Tobias.
„Nachdem alle Elefanten noch in der Manege sind, wirst du es wohl gewesen sein!" sagt die Schwester.

☆

Omi hat Geburtstag, und Susi trägt Lieder vor, auf daß sich die gesamte Verwandtschaft ergötze. Zuletzt sagt sie: „Jetzt singe ich: Am Brunnen vor dem Tore!"
„Da hast du recht", sagt ihr Bruder Kurt. „Hier herinnen hört dir sowieso niemand zu."

☆

Petra ist mit ihrem kleinen Bruder beim Rodeln.
„Du läßt deinen kleinen Bruder aber schon auch mal
fahren!" mahnt eine alte Dame.
„Ist doch klar", sagt Petra. „Ich fahre immer runter, und er
darf immer nach oben fahren."

Christine steht jede freie Minute vor dem Spiegel.
Kommt ihr Bruder hinzu.
„So was Blödes. Jetzt steht sie schon vor dem Spiegel und
macht die Augen zu", sagt er.
„Ich wollte doch einmal sehen, wie ich im Schlaf
aussehe", sagt Christine.

Mutti war fort, und Tobilein hat das Baby gehütet.
„War was?" fragt Mutti.
„Eigentlich nicht. Das Baby hat zwar einen Käfer
verschluckt. Aber mach dir nichts draus. Ich hab ihm
gleich Insektenpulver gegeben!"

Janina hat Krach mit ihrem Bruder.
„Habt ihr nicht in Religion gelernt, daß du deinen
Nächsten lieben sollst wie dich selbst, du blöder Affe!"
brüllt sie.

„Lieb von dir, Schwesterchen, daß du mir zum
Geburtstag eine LP schenkst!" sagt Harald.
Da kommen der Jutta Tränen.
„Aber das ist doch ein Kuchen, den ich dir eigens
gebacken habe!"

Chris kommt in den Garten und sieht, wie sein kleiner
Bruder am Boden kniet und dem Hund die Zunge
rausstreckt.
„Spinnst du?" fragt er.
„Der Bello hat angefangen!" verteidigt sich der Kleine.

☆

Christian ist wieder einmal zu spät aufgestanden. Er
stürzt ins Zimmer:
„Mensch, schon halb acht! Ich komme zu spät zur Schule!"
„Das schaffst du noch leicht!" sagt sein Bruder.
„Dein Frühstück habe ich nämlich schon für dich
gegessen!"

☆

„Fritzi", fragt die Tante. „Wie magst du den Kaffee? Mit
Zucker und viel Milch?"
„Ja, aber vor allem mit viel, viel Torte!"

Das kleine Schwesterchen brüllt, was nur rausgeht.
Da kommt Angela auf einen Trick. Sie singt dem
Schwesterchen vor, und solange Angela singt, ist Ruhe.
Nach einer halben Stunde meint Kurt, der Bruder:
„Du, vielleicht wäre es doch besser, wir würden das
Baby wieder brüllen lassen!"

„Dieses Foto hat mein Bruder von mir gemacht. Es zeigt
mich beim Telefonieren!"
„Der muß aber einen tollen Apparat haben, mit
zweitausendstel Sekunde Belichtungszeit und so!"
„Warum?"
„Weil du mit geschlossenem Mund draufbist!"

„Mein Bruder Heiner ist der Schrecken der
Nachbarschaft", erzählt Carola. „Er beschmiert
Hauswände, wirft Fensterscheiben ein, klingelt an
fremden Hausglocken – und jetzt kriegt er ein Fahrrad!"
„Zur Belohnung?"
„Nein, damit er einen größeren Aktionsradius hat."

„Warum spielst du mit deinem Bruder nicht mehr Karten
oder Mensch-ärgere-dich-nicht?"
„Würdest du mit einem spielen, der ständig schummelt?"
„Nein, das würde ich nicht."
„Siehst du, das hat mein Bruder auch gesagt."

☆

Lukas ist mit seiner Schwester beim Tennis. Da er zu faul
ist, die Tasche heimzutragen, schreibt er einen Zettel:
„Nimm bitte du die Tasche mit. Ich hab sie vergessen!"
und steckt den Zettel auf die Tasche. Die Schwester
schreibt dann darunter: „Nimm die Tasche selber mit. Ich
habe den Zettel nicht gesehen!"

Die Tante sprach: „Schau, Kurti. Hier bekommst du von mir ein blitzblankes, funkelnagelneues Markstück!"
„O, danke!" sagt Kurti. „Das hätte es aber nicht gebraucht. Ich hätte auch einen alten, zerknautschten Zehnmarkschein genommen!"

Markus ist bei der Oma zum Essen geladen. Es gefällt ihm, es schmeckt ihm, und er erzählt, was ihm gerade in den Sinn kommt.
Lächelnd sagt die Oma: „Markus, ich finde das toll, wie gut du mit vollem Munde reden kannst!"
„Üben, üben, und wieder üben!" sagt Markus und schiebt sich das nächste Riesenstück Kalbsbraten zwischen die Zähne.

„Unser Nachbar hat gesagt, meine Schwester sollte eigentlich nach Wien und Klavier studieren. So begabt ist sie!"
„Wenn ich euer Nachbar wäre, würde ich das auch sagen!"

Opa kommt zu Besuch.
„Wie geht es dir?" fragt der Uli.
„Ganz gut. Nur mit deinem Sohn habe ich manchmal Ärger."

Bei Knependonks läutet der Fernseh-Reparaturdienst:
„Sie haben uns angerufen?" sagt der Mann.
„Die Sache hat sich bereits erledigt", erwidert Herr
Knependonk. „Meine Frau und ich haben nur die Brillen
verwechselt!"

☆

Mami und das kleine Traudilein sind im Zoo. Zur
Erheiterung der übrigen Besucher ruft Traudilein:
„Guck, Mami. Dieser Affe dort sieht aus wie Onkel
Ottokar!"
„Schschscht! Bist du nicht ruhig!" zischelt Mami und wird
rot im Gesicht.
„Och, Mami, laß doch", sagt Traudilein. „Der Affe da
versteht das doch gar nicht!"

☆

„Wer brüllt denn bei euch so?"
„Das ist mein Vater und mein Opa."
„Was haben die miteinander?"
„Die machen gerade meine Mathe-Aufgabe!"

☆

„Oma, spielen wir Zoo?" sagt Julia.
„O ja, fein, das machen wir!" Oma freut sich.
„Also, ich mach den Panda-Bären", sagt Julia.
„Jonas macht den Affen, und du, Oma, machst die
Besucherin, die die Tiere immer mit Kuchen und
Schokolade füttert!"

„Liebe Tante, ich möchte mich für dein
Weihnachtsgeschenk bedanken!"
„Liebes Kind, das ist doch nicht der Rede wert!"
„Das sagt Mami auch. Aber ich muß mich trotzdem
bedanken."

„Merkt euch", sagt die Lehrerin, „man darf Tiere nie auf
den Mund küssen! Das ist viel zu gefährlich."
Da meldet sich Michaela zu Wort: „Ja, meine Tante Helga
hat neulich unseren Wellensittich geküßt, und jetzt ist er
gestorben."

Omi macht Babysitter bei unserer kleinen Isabel.
Isabel soll einschlafen, kann aber nicht. Da beginnt Omi
leise zu singen: „Hulle hulle wulle, weia eia heia…"
Erschrocken setzt sich Isabel auf: „Oma, sag, bist du
blau?"

☆

Martina und Stefan besuchen ihre Tante. Es gibt ein
gutes Mittagessen. Aber leider ist eines der Schnitzel
sehr groß und das andere sehr klein.
„Jetzt wollen wir einmal sehen", sagt die Tante, „wer von
euch beiden die besseren Manieren hat!"
„Die hat Martina", sagt Stefan, und angelt sich das
größere Schnitzel.

„Mein Bruder hat vielleicht ein Glück! Da war er neulich auf einer Party. Dort mußte jedes Mädchen jedem Jungen zur Begrüßung einen Kuß geben – oder eine Tafel Schokolade. Und stell dir vor, mein Bruder hat zwölf Tafeln Schokolade mit heimgebracht!"

Ossi ist der typische große Bruder. Er muß immer alles besser wissen.

„Ossi, was ist ein Wiedehopf?" fragt ihn der kleinere Bruder.

„Ach, das ist irgend so ein ganz verrückter Fisch", antwortet Ossi.

„Du, Ossi, da steht aber, daß der Wiedehopf von Ast zu Ast hüpft . . .!"

„Na also, was sag ich! Das ist ein ganz verrückter Fisch!"

Die liebe, liebe Tante Ernestine ist zu Besuch.
Als Peter zu Bett gehen will, sagt sie: „Komm,
Peterchen, gib deiner lieben Tante einen schönen
Gutenachtkuß, dann schenke ich dir eine Mark!"
„Keine Chance!" sagt Peter, „da nehme ich lieber meinen
Lebertran und krieg sogar zwei Mark dafür!"

☆

Am anderen Morgen schenkt Peter der Tante Ernestine
ein Bonbon.
„Hat's geschmeckt?" fragt er später.
„O ja, mein Junge, es war einfach himmlisch!" jauchzt die
Tante.
„Komisch", sagt Peter. „Dann möchte ich wissen, warum
es vorher der Hund und die Katze ausgespuckt haben."

Wenn Tante Ernestine von einer Krankheit hört, gerät sie
sofort in Panik.
„Sind in der Blutwurst bestimmt keine Salmonellen?" fragt
sie den Metzger.
„Wo denken Sie hin!" sagt der Metzger. „Schauen Sie: Die
Wurst ist doch an beiden Enden fest zugeschnürt!"

☆

Sie haben eine sehr feine und sehr nervöse Tante in der
Familie. Fritz will sie besuchen. Besorgt sagt die Mutti:
„Daß du mir ja höflich bist! Und daß ich mir nicht wieder
allerlei anhören muß!"
Darum gibt sich Fritz auch alle Mühe und sagt zur Tante:
„Liebe Tante, würdest du mir freundlicherweise die
Zuckerdose reichen! Dieser Scheißkakao ist so verdammt
bitter!"

Familienfest. Kuchen über Kuchen stehen auf dem Tisch.
Aber weil Mami zu Hause gesagt hat, er müsse ganz
manierlich sein, sitzt Frank mit knurrendem Magen da
und glotzt verzweifelt die guten Sachen an.
„Du leidest wohl an Appetitlosigkeit?" fragt lachend
Onkel Max.
„Nö, an Höflichkeit", erwidert Frank.

☆

„Anja, schenkst du mir ein Foto von dir?" fragt Uwe.
Anja kann es gar nicht fassen, daß Uwe plötzlich solch
Interesse an seiner Schwester hat und fragt:
„Was willst du mit dem Foto?"
„Wir müssen morgen irgendein Bild von einer
Naturkatastrophe in die Schule mitbringen!"

Athleten sind auch vertreten

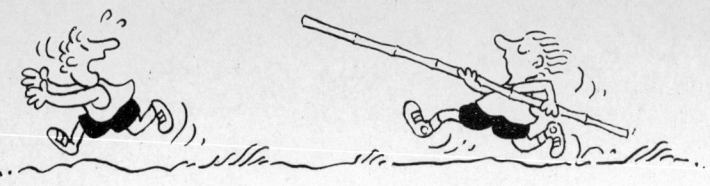

Dirk geht zum Schiedsrichter und erkundigt sich:
„Herr Schiedsrichter, wie heißt Ihr Hund?"
„Ich habe keinen Hund", antwortet der Unparteiische.
„Schlimm, schlimm", sagt Dirk. „Blind, taub, und dann
noch nicht mal einen Hund . . .!"

Stief war beim Boxtraining und kommt mit einem blauen
Auge nach Hause. Schließlich muß man den Arzt holen.
Der betrachtet sich den Schaden und frägt Stief:
„Haben sie schon feuchte Umschläge über dein Auge
gemacht?"
„Nö, nur blöde Witze", antwortet Stief.

Antje nimmt Reitstunden. Heute darf sie zum erstenmal
über eine Hürde. Aber es klappt nicht so recht. Das
Pferd bleibt nämlich vor dem Hindernis ruckartig stehen,
und Antje segelt kopfüber auf die andere Seite.
„Das war schon ganz prima", lobt Antjes Bruder. „Beim
nächsten Mal darfst du nur nicht vergessen, auch das
Pferd mit hinüberzunehmen."

☆

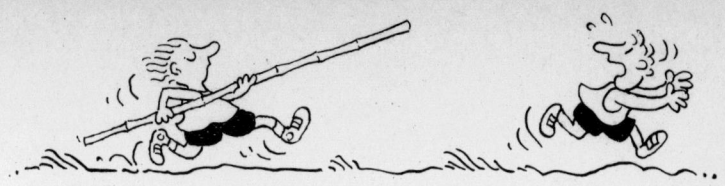

Michael und Alex sitzen am Baggersee und angeln.
Zunächst zieht Michael einen alten Topf an die
Oberfläche. Er angelt weiter. Da kommt ein alter Schuh
zum Vorschein, dann eine Gummiwärmflasche.
Als er dann auch noch eine Bratpfanne an der Angel hat,
wird es Alex unheimlich.
„Du", sagt er, „wir hauen ab. Da unten wohnt einer."

Beim Straßenfußball herrscht eine „gesunde Härte".
Richard wird gerempelt und schlägt mit dem Kopf voraus
auf dem Pflaster ein.
Aber das Schlimmste kommt erst. Eine alte Dame hat es
gesehen und versucht, den armen Richard zu trösten:
„Na, Kleiner, hoffentlich ist deine Nase heil geblieben!"
„Ich glaub schon", sagt Richard wütend. „Die beiden
Löcher waren vorher schon drin."

„Wo kommste her?"
„Vom Angeln."
„Was haste geangelt?"
„Hechte."
„Wie viele haste gefangen?"
„Keinen einzigen."
„Woher weißt du denn dann, daßte Hechte geangelt
hast?"

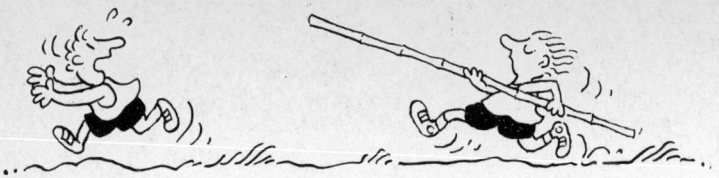

Der Pfarrer will eine Andacht halten. Aber niemand ist
da. Nicht einmal der Organist.
„Wer spielt denn heute?" fragt er den Mesner.
„Deutschland gegen Brasilien", sagt der.

☆

„Kommst du mit ins Hallenbad?" fragt einer den Willi.
„Darf nicht", sagt der Willi. „Hab Hausverbot im
Hallenbad."
„Wie gibt's denn so was?"
„Ich habe ins Bassin gepinkelt."
„Das machen doch andere auch!"
„Schon. Aber nicht vom Zehnmeterbrett."

☆

„– und ich darf auch nicht mehr ins Hallenbad", mischt
sich ein anderer ein.
„Warum?"
„Weil ich die Badehose falsch getragen habe – in der
Hand!"

☆

„Du kannst mich über alles vom Fußball fragen", prahlt
Frank.
„Dann sag mir, wieviel Maschen hat ein Fußballtornetz?"

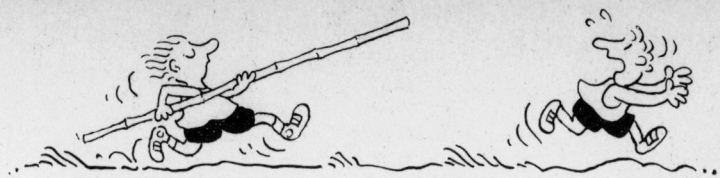

„Was sagst du zu unserem Mittelstürmer?"
„Der Mann ist Spitze. Mit dem Ball kann er fast alles. Er
kann ihn aufpumpen, einfetten, abwaschen ... nur den
Ball ins Tor bringen, das kann er nicht!"

☆

Der Lehrer erwischt Leo, wie er gerade im
Fußballstadion verschwinden will.
„Du kamst nicht in die Schule, weil du angeblich deinen
Onkel im Krankenhaus besuchen mußtest, und nun treffe
ich dich hier."
„Ich muß schon noch ins Krankenhaus. Mein Onkel ist
nämlich heute der Schiedsrichter."

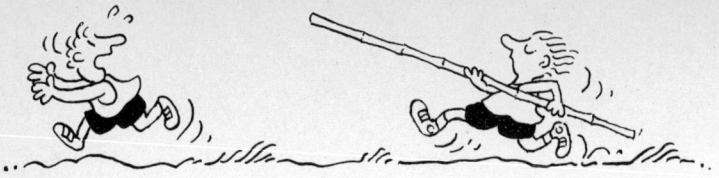

In der Pause nimmt sich der Boxtrainer seinen Schützling vor.

„Hör mal zu, Paule", sagt er. „Wir müssen uns jetzt über eines klar werden. Was willst du eigentlich gewinnen? Den Meistertitel oder den Friedensnobelpreis?"

☆

„Treibst du Sport?" wird Klaus gefragt.

„Na klar", sagt Klaus, „ich spiele Tennis, Fußball, gehe zum Boxen, bin im Ballett und treibe Leichtathletik."

„Mensch, das ist ja enorm! Und wann machst du das alles?"

„Morgen fange ich damit an", sagt Klaus.

☆

Der Schatzmeister unseres Fußballclubs ist das Knausrigste, das es gibt. Neulich, als wir gegen FC Blauweißgrün gewonnen hatten, kam er in unsere Kabine und tönte: „Jungs, ihr wart einsame Spitze. Heut habt ihr euch eine echte Erfrischung verdient: Karl, mach das Fenster auf!"

☆

Der Boxer sitzt in der Umkleidekabine und wartet auf seinen Kampf.

„Ist es weit bis zum Ring?" fragt er seinen Trainer.

„Ja, ziemlich", sagt der. „Aber mach dir keine Sorgen. Du wirst zurück getragen."

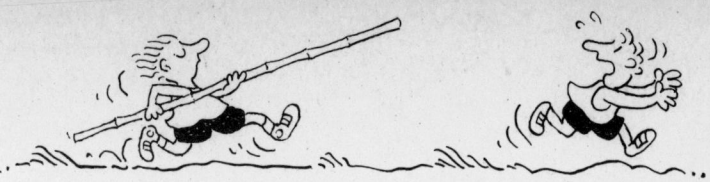

„Hat denn mein Gegner nicht eine schwache Stelle?"
fragt der Boxer während der Ringpause seinen Trainer.
„Doch, eine hat er."
„Welche?"
„Immer wenn du am Boden liegst, lockert er seine
Deckung."

☆

Straßenrennen rund um den Supermarkt. Erster Preis ein
silberfarbiger Becher. Die Jungs legen sich mächtig ins
Zeug.
„Der mit der roten Krawatte gewinnt!" ruft Bernd.
„Was heißt da Krawatte! Das ist dem seine Zunge!"

☆

Friedliches Geplätscher im Nichtschwimmerteil des
Freibades.
Plötzlich schreit einer wie wahnsinnig.
„Was schreist du so?" ruft ihm einer zu.
„Ich hab keinen Grund!"
„Warum schreist du dann, wenn du keinen Grund hast?"

☆

Norbert kauft einen Fallschirm. „Geht der auch bestimmt
auf?" fragt er mißtrauisch.
„Sie wären der Erste, der sich bei mir beschwert, daß
sein Fallschirm nicht aufgegangen ist", sagt der Händler.

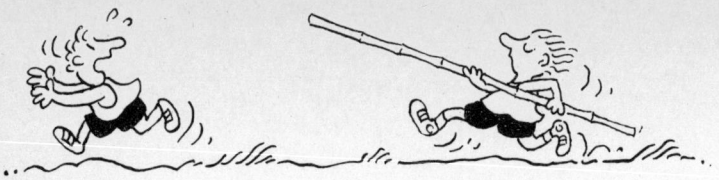

„So schlecht, wie Sie tun, war ich gar nicht", mault der
Mittelstreckenläufer. „Immerhin waren noch zwei Läufer
hinter mir."
„Stimmt", sagt der Trainer. „Aber das waren schon die
Vorderen vom nächsten Rennen!"

Die Eltern schenken Alfred ein Rennrad mit allen
Schikanen, und er probiert es sofort aus. Als er nach
Hause kommt, sieht er ziemlich ramponiert aus.
„Ist was passiert?" schreien alle.
„Überhaupt nichts", sagt Alfred. „Ich bin nur mit dem
Gesicht zuerst abgestiegen."

Wieder einmal wurde beim Fußballspiel geholzt. Da wird
es dem Erich zu blöd, und er haut dem gegnerischen
Libero eine herunter.
Der Schiedsrichter pfeift wie eine Kleinbahnlok und
rennt zu Erich hin.
„Ich habe nichts getan!" ruft der vorsorglich.
„Jawohl, er hat mich geschlagen", schreit der Libero.
„Wenn du jetzt lügst", schreit Erich, „dann hau ich dir
noch eine herunter!"

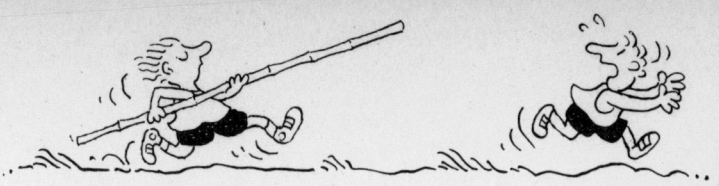

Ein Angler sitzt am Fluß. Kommt einer dazu und fragt:
„Wie lange angelst du schon?"
„Ooch, an die zehn Jahre."
„Ißt du gerne Fisch?"
„Weiß ich nicht."
„Ja, was machst du denn mit den Fischen?"
„Das werden wir sehen, wenn ich mal einen gefangen
habe."

Grün und blau geschlagen, die Augen dick
angeschwollen, so wankt Rambo in seine Ecke. Aber
immer noch ist seine Moral unerschüttert.
„Er ist kaum durchgekommen", flüstert er seinem Trainer
zu.
„Dann paß jetzt mal auf den Ringrichter auf", rät der
Trainer. „Irgendeiner muß es ja sein, der dir die Prügel
verpaßt hat."

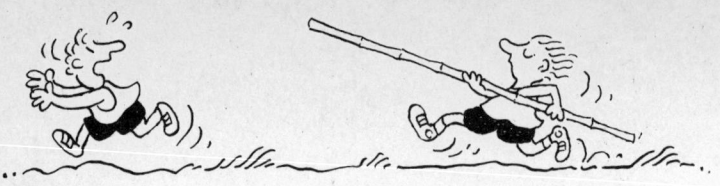

Bei Sigo Simon haben sie eingebrochen. Doch Sigo
Simon ist Bezirksmeister im Langstreckenlauf. Natürlich
ist er dem Täter sofort nachgezischt wie ein Blitz.
„Haben Sie den Kerl erwischt?" fragt später die Polizei.
„Was heißt da erwischt?" sagt Sigo Simon stolz.
„Ich habe ihn überholt. Und wie ich mich dann
umgedreht habe, war er weg."

Pause. Der Boxer sitzt in seiner Ecke und fragt den
Trainer: „Wie steht's? Kann ich noch gewinnen?"
„Aber klar", antwortet der Trainer. „Wenn du weiter so
wild in die Luft haust, bekommt er durch den Luftzug
hundertprozentig eine Lungenentzündung."

Conni nimmt an einem Fallschirmspringerkurs teil. Als er
aus dem Flugzeug springen will, schreit der Trainer:
„Halt, halt! Du verdammter Trottel! Du hast ja keinen
Schirm!"
„Wieso?" fragt Conni. „Regnet es draußen?"

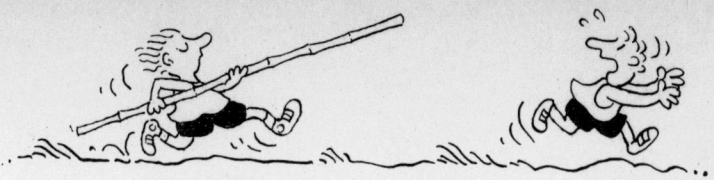

„Immer wenn du beim Angeln warst, bist du so nervös."
„Bin ich auch."
„Und ich habe geglaubt, Angeln ist gut für die Nerven."
„...aber nur, wenn man einen Angelschein hat."

☆

Ziemlich angeschlagen hängt der Boxer in seiner Ecke
und wartet auf den Gong zur neuen Runde.
„Weißt du was?" rät der Trainer. „Wenn der andere jetzt
wieder zuhaut, schlägst du einfach zurück!"

☆

Bodo sieht stundenlang einem Angler zu. Da taucht bei
ihm eine Frage auf:
„Gibt es eigentlich noch etwas Stumpfsinnigeres, als
stundenlang angeln?" sagt er zum Angler.
„Ja", antwortet er. „Stundenlang beim Angeln zuschauen."

☆

Mick sagt zum Schiedsrichter: „Das war ein tolles Spiel.
Schade, daß Sie es nicht gesehen haben!"

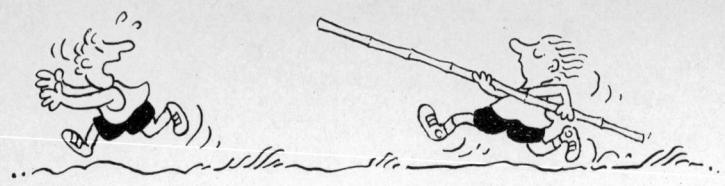

Ein Angler gibt mächtig an: „Kürzlich habe ich in der Nordsee geangelt. Da habe ich einen Fisch gefangen. Ich sage dir, wie ich ihn herausgezogen habe, ist der Wasserspiegel gesunken."

„Da hast du wohl einen Walfisch gefangen?" fragt der andere.

Der Angler lächelt mitleidig: „Walfische? Die nehm ich als Köder."

Die Mannschaft liegt 0 : 13 im Rückstand.

„Leute", sagt der Trainer in der Halbzeitpause, „ich bin zwar nicht abergläubisch. Aber ich sehe trotzdem schwarz!"

„Seit fünf Stunden schauen Sie mir jetzt beim Angeln zu. Möchten Sie nicht selbst einmal angeln?"

„Ich denk nicht daran. Dazu fehlt mir die Geduld."

„Was macht ihr im Karatekurs?"

„Wir zerschlagen mit der Handkante einen Ziegelstein."

„Und wofür ist das gut?"

„Wenn man einmal überfallen wird, kann man sich wehren."

„Ist mir klar. Aber wann wird man schon von einem Ziegelstein überfallen?"

136

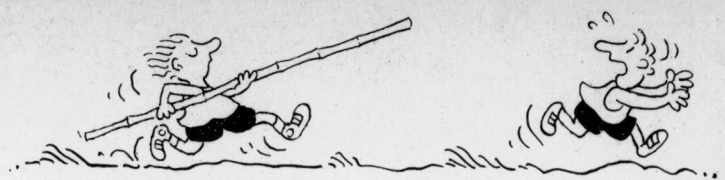

Länderspiel! Michael sitzt stolz in der Ehrentribüne
zwischen lauter Bonzen.
„Woher hast du die Ehrenkarte?" fragt ein Ordner.
„Von meinem Vater", sagt Michael.
„Und wo ist dein Vater?"
„Zu Hause – und sucht die Ehrenkarte."

Jürgen ist ein begeisterter Angler.
Mit einer geschwollenen Backe sitzt er am Egelbach und
hängt seine Angel ins Wasser. Da kommt sein Freund
Thomas vorbei und warnt: „Bist du denn verrückt! Mit
einer geschwollenen Backe am Wasser! Da kannst du dir
'ne üble Nebenhöhlenentzündung holen!"
„Das ist keine geschwollene Backe", erklärt Jürgen. „Da
hab ich meine Würmer drin!"

„Hast du alle diese Fische allein gefangen?"
„Ehrlich gesagt, nein. Ich habe da immer einen kleinen
Wurm, der hilft mir dabei."

Die Mannschaft hat in der laufenden Saison erst drei
Tore geschossen und steht mit 0:20 Punkten am Ende
der Tabelle.
Natürlich ist nur der Trainer schuld. Darum wird er
entlassen.
Der neue Trainer besieht sich stumm das nächste
Punktspiel der Mannschaft. Natürlich hat man jetzt 0:22
Punkte.
Beim nächsten Training holt er seine Herrschaften
zusammen und sagt: „Leute, hört mal gut zu: Wir müssen
jetzt ganz von vorne anfangen. Also: dieses kleine,
lederne, runde Ding da, das ist der Ball..."

☆

Der Schwimmverein „Eiserne Ente" hat sich noch nie mit
Ruhm bekleckert.
„Wie habt ihr bei der letzten Meisterschaft
abgeschnitten?" wird der Präsident gefragt.
„O, es geht. Wenigstens ist keiner ertrunken."

Total verwüstet

Ein Holzfäller kommt in den Bayerischen Wald und will einen Job.

„Ich bin der größte Holzfäller der Welt", sagt er.

„Das kann jeder behaupten", entgegnet man. Und wo er bisher gearbeitet habe?

„In der Wüste Sahara."

Da lachen die anderen und sagen: „Aber in der Wüste Sahara gibt es doch gar keine Bäume!"

„Jetzt nicht mehr", antwortet der größte Holzfäller der Welt.

☆

„Als ich kürzlich wieder einmal in der Wüste Sahara spazierenging", sagte Anton Angeber, „da passierte mir eine merkwürdige Geschichte. Wollt ihr sie hören?"

„Nun ja, wenn du unbedingt meinst."

„Also gut. Ich gehe in der Wüste spazieren. Da taucht ein Löwe auf, sieht mich, und rast hinter mir her. Ich renne, was ich kann. Der Löwe rennt, was er kann. Mir geht allmählich die Luft aus – dem Löwen leider nicht. Da, im aller-allerletzten Moment rette ich mich in ein Telefonhäuschen, das zufällig . . ."

„Aufhören! Aufhören!" brüllen die anderen. „In der Wüste gibt es doch kein Telefonhäuschen!"

„Ja, normalerweise nicht. Aber in der Todesangst . . ."

☆

Lars soll sein Zimmer gründlich aufräumen und auch das
Abstauben nicht vergessen. Aber dann ist Mutter gar
nicht zufrieden.
„Schau, überall liegt dick der Staub!" sagt sie und fährt
mit dem Finger über den Globus.
„Ja freilich", sagt Lars, „wenn du ausgerechnet über die
Sahara streichst!"

„Ich habe einen Getränkestand mitten in der Wüste!" sagt
Heinz-Hubert.
„Da werden aber nicht viele Leute vorbeikommen!"
„Das schon. Aber wenn einmal einer kommen sollte, was
meinst du, was der für einen Durst hat!"

SEI DOCH FROH —
WENIGSTENS REGNET'S NICHT!

Der Großwild-Safari-Supertourist berichtet:
„Ich spaziere also durch die Wüste. Plötzlich rast so ein
wahnsinniges Nashorn auf mich zu.
Wißt Ihr, wie Nashörner rasen können?
Geistesgegenwärtig wie ich nun einmal bin, renne ich
weg. Da sehe ich zum Glück einen Baum. Nichts wie hin
und rauf . . ."
„Jetzt hör bloß auf! Wie kommt in die Wüste ein Baum?"
„Also ehrlich, das war mir im Augenblick ganz egal!"

☆

Und der Safari-Supertourist erzählt ein andermal:
„Da bin ich durch die Wüste gegangen. Und stellt euch
vor! Was seh ich da plötzlich? Eine ganze lange
Schlange. Was glaubt ihr, was ich da gemacht habe?
– Ich habe mich hinten angestellt."

☆

„Und wahnsinnig heiß war's in der Wüste!" erzählt er.
„Mindestens vierzig Grad im Schatten!"
„Nur gut, daß du immer im Schatten gegangen bist!"

☆

Zwei Luftballons schweben durch die Wüste.
Sagt der eine: „Vorsicht! Da ist ein Kaktusssss-s-s--s."

Zwei Männer latschen durch die Wüste. Der Weg ist
weit, und der Sand rinnt ihnen in die Schuhe.
„Mensch", sagt der eine, „hat es hier ein Glatteis!"
„Wo soll hier ein Glatteis sein?" fragt der andere.
„Na, warum hätten die Boys denn sonst so gestreut?"

Einer erklärt: „Wenn ich durch die Wüste gehe, dann
nehme ich immer zwei schwere Eisenstangen mit."
„Und was soll dieser Blödsinn?" wird er gefragt.
„Das ist kein Blödsinn", antwortet er. „Paßt auf. Sobald ich
sehe, daß ein Löwe kommt, werfe ich die Eisenstangen
fort, und dann kann ich schneller laufen."

Sandwitz,
bitte
buddeln!

Der Löwe hat seinen starken Tag. Grimmig stolziert er durch die Wüste und trifft ein Zebra.

„Wer bin ich?" donnert der Löwe.

„Du bist der König der Wüste", sagt bibbernd das Zebra.

„Okay", sagt der Löwe und geht weiter. Da trifft er die Giraffe.

„Wer bin ich?" fragt der Löwe.

„Du bist der König der Wüste", sagt auch die Giraffe, schlotternd vor Angst.

„Das hört sich gut an", sagt der Löwe und schlendert weiter.

Da sieht er einen Elefanten. Der Löwe geht zu ihm hin und fragt grimmig: „Wer bin ich?"

Da faßt der Elefant den Löwen mit seinem Rüssel, hebt ihn hoch und schmettert ihn zu Boden, daß der Staub aufgeht.

Der Löwe rappelt sich hoch und meint: „Man wird doch wohl noch fragen dürfen."

☆

Geht einer durch die Wüste und trifft einen Beduinen.

„Guten Morgen, Herr Beduine", sagt er. „Wie weit ist es von hier noch bis zum Meer?"

„Tausend Kilometer", sagt der Beduine.

„Donnerwetter! Das nenn ich einen Strand!"

Endlich Ferien!

David und Daniela fahren in die Ferien zur Oma. Als sie zum Bahnhof kommen, merken sie, daß der Zug schon fort ist.

„Wenn du nicht so gebummelt hättest", schimpft David, „dann hätten wir den Zug noch erwischt."

„Und wenn du nicht wie ein Wahnsinniger gerannt wärst", kontert Daniela, „dann müßten wir jetzt nicht so lange auf den nächsten Zug warten."

Am Badestrand an der Adria:
Frau Klebl taucht bei Familie Meier auf und macht Krach: „Ihr Sohn hat unserem kleinen Jungen das Schwimmtier weggenommen!"

„Das dürfen Sie nicht sagen", verteidigt sich Frau Meier. „Das hat unser Uwelein nicht getan!"

„Wie wollen Sie das beweisen?"

„. . . weil Uwelein soeben ausprobiert, ob Ihr Radiorecorder auch unter Wasser spielen kann."

„Wenn wir schon kein Geld haben, warum müssen wir dann nach Jugoslawien in Urlaub!"

„Seid ruhig und schiebt weiter!"

Die Familie Brandhofer ist in den Ferien in einem noblen
Hotel gelandet. Alles ist teuer.
Dafür sind die Portionen schrecklich klein, und Sara muß
ständig hungern.
Zum Frühstück gibt es Honig.
„Schau Paps", sagt Sara. „Eine Biene haben sie auch."

☆

„Wie war's in den Ferien?"
„O ja. Alle zwei Stunden haben wir uns eingeölt."
„Wegen des Sonnenbrandes?"
„Nö. Damit das Regenwasser besser ablief."

☆

Sie sind im Urlaub. Eines Morgens kommt Toni daher
und jammert: „Gestern habe ich meine Tennissocken
gewaschen. Jetzt sind sie so klein geworden, daß sie mir
nicht mehr passen!"
„Na dann wasch dir doch endlich mal die Füße, sicher
passen die Socken wieder", rät ihm sein Bruder.

Sie sind zum erstenmal am Meer, stehen am Strand und
staunen.
„Schau nur, das viele, viele Wasser!" sagt Bärbel.
„Und dabei sieht man nur das, was obenauf ist!" flüstert
Stefan.

Astrid übernachtet in einem schrecklich alten Schloß.
Etwas unheimlich ist es schon.
Vor allem nachts, wenn sie durch die langen Gänge muß.
Zum Glück kommt ihr ein uralter Herr entgegen.
„Gibt es in diesem Schloß Gespenster?"
fragt sie den uralten Herren.
„Nicht, daß ich wüßte, mein Kind", sagt der Alte. „Ich
schwebe schon seit 500 Jahren durch diese Räume und
habe noch keines gesehen."

„Brauchen Sie eine Angelkarte?" fragt der
Fremdenverkehrsonkel.
„Nönö", sagt Ulf. „Die Fische finde ich auch ohne Karte."

Im Feriengasthof meckert Jens über die Wurst.
Das ärgert den Ober: „Was paßt dir nicht an der Wurst?"
„Die beiden Zipfel passen mir nicht."
„Aber hör mal! Jede Wurst hat zwei Zipfel."
„Das schon. Aber bei meiner Wurst sind mir die Zipfel zu
nahe beisammen", sagt Jens.

Julia und Franziska machen einen Ausflug.
Auf einmal sagt Julia: „So, jetzt gehe ich keinen Schritt
weiter. Ich finde nämlich, daß dies hier ein idealer Platz
für ein Picknick ist."
„Da hast du recht", sagt Franziska. „Zweihunderttausend
Ameisen können nicht irren."

Klaus schleppt sich schwitzend auf einen Berg. Der
Rucksack drückt, die Sonne sticht, und der Weg nimmt
kein Ende.
Da kommt ein Einheimischer daher und sagt freundlich:
„Grüß Gott!"
„Nein!" stöhnt Klaus. „So weit komme ich heute bestimmt
nicht mehr hinauf."

Beat Kümmerli ist in eine Gletscherspalte gestürzt. Als ihn der Suchtrupp endlich findet, streckt einer der Retter den Kopf über den Spaltenrand und ruft in die Tiefe hinunter: „Hallo! Hier ist das Rote Kreuz!"
Und Beat Kümmerli ruft von unten herauf: „Ich gebe nichts!"

Katja verbringt ihre Ferien bei der Tante.
Soweit ist alles ganz prima. Nur, daß es hier so schrecklich fromm zugeht.
Da sagt Katja eines Tages zur Tante: „Du, Tante. Ich habe meinen Schutzengel gebeten, daß er mich vor Dummheiten beschützt. Aber heute ist ihm das leider nicht gelungen."

☆

Matthias kommt atemlos in die Drogerie gerannt und berichtet: „Mein Bruder hat in ein Wespennest gestochert. Und jetzt rasen diese Monster mit hundert Sachen hinter ihm her."
„Aha", sagt der Drogist. „Da brauchst du dann essigsaure Tonerde."
„Nö", sagt Matthias. „Einen hochempfindlichen Kleinbildfarbfilm."

Sie sprechen mit einem alten Schäfer, der seine Herde bewacht.
„Wissen Sie genau, wie viele Schafe Sie haben?"
„Ja, vierhundertsiebenundachtzig."
„Schwer zu zählen, was?"
„Überhaupt nicht. Habe einen Trick. Ich zähle die Beine: eintausendneunhundertachtundvierzig. Teile das durch vier und weiß, wie viele Schafe es sind."

„Wir waren in den Ferien auf einem Bauernhof.
Dort hatten sie den faulsten Hahn Europas.
Wenn die anderen Hähne im Dorfe krähten, nickte der nur zustimmend mit dem Kopf."

Die ganze Familie ist auf dem Weg zum Bahnhof.
Da bekommt Vater Zweifel, ob er die Pässe dabeihat.
„Kurt", sagt er. „Kehr um und schau, ob die Pässe noch auf dem Nachtkästchen liegen!"
Kurt rennt los und ist bald wieder da:
„Hast recht gehabt", sagt er. „Die Pässe liegen noch auf deinem Nachtkästchen!"

„Schmeckt die Suppe?"
„Na ja! Das Salz ist Spitze! Nur schade, daß so wenig Suppe dran ist!"

„Das geht nicht", schimpft der Gast. „Sie können doch
nicht meine Wurst mit dem Daumen auf dem Teller
festhalten."
„Soll sie mir vielleicht zum drittenmal in den Dreck
fallen", mault der Kellner zurück.

☆

„Wo warst du im Urlaub?"
„In Berlin an der Nordsee."
„Aber Berlin liegt doch nicht an der Nordsee!"
„Ach so! Deshalb hatten wir immer so weit zum Strand!"

☆

Jo, Sev und Dino sind mit den Rädern unterwegs. Jo ruft
zwischendurch zu Hause an.
„...und vergeßt Ihr auch nicht, rechtzeitig die Hemden zu
wechseln, wie ich es euch gesagt habe!" mahnt Mutti.
„Aber klar doch. Heute habe ich das Hemd mit Sven
gewechselt und morgen ziehe ich das von Dino an."

☆

„Diesmal nehmen wir unser eigenes Fernsehgerät an die
Adria mit."
„Glaubst du, daß die da unten keine Fernseher haben?"
„Schon, aber lauter solche, die Italienisch sprechen."

Sie wollen in die Ferien an die Adria. Stefanie nervt die
ganze Familie, weil sie ihren Bikini nicht finden kann.
„Vielleicht hat ihn eine Motte gefressen", meint
Alexander.

Antilopenjagd in Afrikas Steppen. Ein Sonntagsjäger hat
einen anderen Sonntagsjäger angeschossen.
„Ja, haben Sie es denn nicht gehört, wie Ihnen der Mann
zugerufen hat, daß er keine Antilope ist!" sagt der
Reiseleiter.
„Ich hab gedacht, die Antilope will mich bluffen", sagt
der Sonntagsjäger.

Schloßbesichtigung. Schaurig anstrengende Sache das!
Robert läßt sich erschöpft auf einen Stuhl plumpsen.
„Das ist der Lieblingsstuhl Friedrichs des Großen!" mahnt
zornig der Schloßführer.
„Okay, okay", sagt Robert, „wenn er kommt, stehe ich
sofort auf."

„Wenn ich über die Wiese laufe, schaffe ich dann noch
den Siebenuhr-Zug?" fragt Franz den Bauern.
„Bestimmt", sagt der. „Und wenn dich mein Bulle sieht,
dann schaffst du sogar noch den Sechsuhr-Zug."

Sie liegen am Ufer des Baggersees. Der ganze
Nachmittag war ein einziger Kampf gegen die Mücken
gewesen. Es dämmert. Da tauchen Glühwürmchen auf.
Boris rafft seine Decke zusammen und sagt:
„Ich hau ab. Jetzt haben sich die Biester auch noch
Taschenlampen geholt!"

Die Schwarzbeeren sind ja noch rot!
Freilich, weil sie noch grün sind!

Der Bürgermeister des Fremdenverkehrsdorfes hat
Geburtstag. Die Blasmusik marschiert vors Rathaus und
bringt ein Ständchen.
„Warum läßt sich denn der Gefeierte nicht sehen?" fragt
überrascht ein Feriengast.
„Der müßte jetzt auf den Balkon treten!"
„Das kann er nicht", sagt man ihm. „Der muß ja in der
Kapelle die Trommel schlagen."

Sie sitzen im Zug und fahren in die Ferien. Plötzlich wird
Mama blaß: „Um Himmels willen! Ich habe vergessen,
den Elektroherd abzustellen! Da könnte das ganze Haus
abbrennen!"
„Kann es nicht", beruhigt Papa. „Ich habe nämlich
vergessen, das Badewasser abzudrehen."

Hildegard möchte eine Ansichtskarte heimschicken.
„Haben Sie bitte eine Karte mit einer Wurst drauf?" fragt
sie im Andenkenladen.
„Mit einer Wurst? Wieso?"
„Ich will die Karte unserem Hund daheim schicken."

Hans hat im Schwarzwald eine Kuckucksuhr gekauft.
Nach einigen Wochen muß er sie zum Uhrmacher
bringen.
„Was fehlt? Klemmt der Kuckuck?"
„Ach wo, alle Augenblicke kommt er raus und fragt wie
spät es ist."

☆

Anne und Moni im alten Schloß. Die Treppen und
Schränke knarzen. Anne fürchtet sich bei jedem leisesten
Geräusch. Zitternd kommt sie zu Moni ans Bett.
Diese tröstet sie: „Du brauchst keine Angst zu haben,
Gespenster sind absolut lautlos!"
Das hätte sie nicht sagen sollen, denn von nun an fürchtet
sich Anne, wenn sie nichts hört.

☆

Ferien, Hochalpenstraße, herrliche Busfahrt.
Plötzlich kracht es, und der Bus hängt an einem Baum.
Die Polizei kommt und vernimmt den Busfahrer:
„Wie konnte es zu diesem Unfall kommen?"
„Keine Ahnung", beteuert der Busfahrer, „als das passiert
ist, war ich gerade hinten beim Kassieren."

☆

„Ich habe doch nur eine Currywurst bestellt", schimpfte Alex im Almwirtshaus. „Und jetzt bringen Sie mir zwei!"
„Entschuldigen Sie", sagt der Kellner. „Das kommt von dem großartigen Echo hier heroben."

☆

Jakob kommt in eine Kneipe und bestellt sich ein Mittagessen.
Sowie der Erbseneintopf kommt, erscheint auch der Hund des Wirtes und wendet keinen Blick mehr von Jakob und dem Essen.
„Wirt!" schreit Jakob. „Hast du deinem Hund heute noch nichts zu fressen gegeben?"
„Das schon", sagt der Wirt. „Aber der Hund kennt halt seinen Teller."

Ein Gast regt sich auf: „Herr Ober! Unglaublich, da ist eine Fliege in meinem Bier!"
„Ach seien Sie doch nicht so kleinlich", sagt der Ober. „Was kann Ihnen so ein kleines Tierchen schon wegtrinken!"

☆

„Voriges Jahr haben wir eine Weltreise gemacht", gibt Sibylle an.
„Und heuer?"
„Heuer? Da fahren wir selbstverständlich woanders hin!"

☆

„Mami, wie heißt die Station, durch die wir soeben gefahren sind?".
„Deshalb weckst du mich? Das ist doch wirklich egal."
„Das ist nicht egal. An dieser Station ist mir nämlich deine Handtasche aus dem Fenster gefallen!"

☆

Nachts hebt der Tourist sein Zimmertelefon ab und brüllt hinein: „Sorgen Sie gefälligst für Ruhe! Bei diesem Lärm kann man unmöglich schlafen!"
„Selbstverständlich", flüstert der Portier. „Ich werde der Feuerwehr sagen, daß sie leiser sein soll beim Löschen."

„Wir steigen morgen auf die Zugspitze", sagt Meier zum
Hotelportier. „Sind da bestimmte Vorbereitungen
notwendig?"
„Ja", sagt der Portier. „Vor allem müßt ihr schon mal die
Hotelrechnung bezahlen!"

☆

„Herr Ober!" ruft Vati zornig. „Da ist ein Haar in der
Suppe!"
„Das ist kein Haar", belehrt ihn der Ober.
„Das ist ein Würstchen."

☆

Im Gebirge. Touristen haben einen bärtigen
Alpenbewohner erwischt.
„Sagen Sie, waren Ihre Vorfahren auch Bergsteiger?"
„Woll, woll."
„Und sind alle abgestürzt?"
„Woll, woll."
„Ihr Großvater auch?"
„Woll, woll."
„Und Ihr Vater. Auch abgestürzt?"
„Naa, der net."
„Nein?"
„Naa, den ham die Touristen totg'redt."

„Sag mal, hättet ihr eueren Bahnhof nicht näher zum Dorf hin bauen können!" jammert Heidrun, als sie von ihrem Vetter abgeholt wird und erfährt, daß sie weit laufen muß.

„Das schon", sagt Olaf. „Aber der Bahnhof muß nun einmal bei den Gleisen sein!"

Heiner sitzt im Eisenbahnabteil, schält eine Orange und schnitzelt sie in einen Napf. Das gleiche macht er mit einer Banane und einem Apfel. Zuletzt gibt er Zucker darüber und ein paar Spritzer Zitronensaft. Dann rührt er alles durcheinander, öffnet das Fenster und schüttet alles hinaus.

„Ja, um Himmels willen, was machst du da?" fragen die anderen Fahrgäste.

„Obstsalat", sagt Heiner.

„Aber warum schüttest du alles zum Fenster hinaus?"

„Ich kann Obstsalat nicht ausstehen!"

„Herr Ober!" schimpft der Feriengast. „Vor drei Stunden haben wir die Schnitzel bestellt, und jetzt bringen Sie uns Schokoladenpudding!"

„Das mag ich!" sagt der gestreßte Ober, „stundenlang herumhocken und dann auch noch nörgeln!"

Christian ist auf einer Kreuzfahrt. Dabei leidet er
entsetzlich unter der Seekrankheit.
Klopft der Steward an seine Kabinentür:
„Soll ich Ihnen etwas zum Essen bringen?"
„Um Gottes willen! Werfen Sie es gleich selbst über
Bord!"

☆

Geht einer durch Berlin und fragt einen Jungen:
„Sag mir, wo läßt man sich am besten rasieren?"
„Am besten im Jesicht!"

☆

Er geht weiter und trifft etwas später einen anderen
Jungen.
„Du", sagt er, „ich möchte zum Zoo!"
„Als wat?" fragt der Junge zurück.

Herr Kilian macht Urlaub in Afrika. An einer
wunderschönen Bucht möchte er baden und fragt einen
Einheimischen: „Gibt es hier Haifische?"
„Nein, Sir", sagt der Einheimische.
Da plätschert Herr Kilian vergnügt im Wasser. Später
sagt er zu dem Einheimischen: „Eigentlich erstaunlich,
daß es hier keine Haifische gibt."
„Ja. Aber die haben hier viel zuviel Angst vor den
Krokodilen!"

☆

„Die Spezialität unseres Hauses sind Schnecken", sagt der
Padrone zum Gast.
„Ich weiß, ich weiß, gestern hat uns eine bedient."

☆

Sie besuchen ein Altertumsmuseum.
„... und dieser versteinerte Fisch, meine Damen und
Herren, ist bereits fünf Millionen und siebzehn Jahre alt!"
sagt der Wärter.
„Wieso ausgerechnet noch siebzehn Jahre?" will Jutta
wissen.
„Paß auf", sagt der Wärter. „Als ich hier anfing, war der
Fisch fünf Millionen Jahre alt. Und nun bin ich siebzehn
Jahre hier im Dienst, also..."

Mutti kommt von einer weiten Reise zurück.
„Hast du Vati auch tüchtig im Haushalt geholfen?" fragt sie
Hubert.
„Und wie!" sagt Hubert. „Was meinst du, wie wir gestern
gemeinsam geschuftet haben, bis wir alle leeren
Flaschen im Müll hatten!"

☆

„Stell dir vor! Gestern haben wir den 1800 Meter hohen
Wurmkogel bestiegen. Und das, nachdem wir vorher
schon fünf Kilometer gewandert sind."
„Kunststück! Bei so einem Anlauf kommt jeder auf den
Wurmkogel!"

☆

„Wie heißt die Mehrzahl von Baum?"
„Wald!"

☆

„Warum gibt es eigentlich Fahrpläne, wenn die Züge
dauernd Verspätung haben!" beschimpft Uli einen
Zugschaffner.
„Sonst wüßte man ja nicht, daß die Züge Verspätung
haben!" bekommt er zur Antwort.

In der Ferienpension beschimpft der Gast den Ober:
„Dieses Schnitzel ist ein Saufraß! Absolut ungenießbar!"
„O, das tut mir aber leid", sagt der Ober. „Vielleicht darf
ich Ihnen dafür eine Rindsroulade bringen?"
„Ja, geht das? Ich habe schon ein Stück von dem
Schnitzel gegessen!"
„Das macht gar nichts", sagt der Ober. „Wir haben auch
angefangene Rindsrouladen in der Küche."

„Mach endlich das Fenster zu!" schimpft eine Frau im
Alpengasthof. „Draußen ist es furchtbar kalt!"
Mürrisch schließt Julia das Fenster. „Meinen Sie, daß es
jetzt draußen wärmer ist?" fragt sie.

Richard ist in einer fremden Stadt und fragt einen Mann:
„Opa, wie komm ich am schnellsten in die Poli-Klinik?"
„Indem du nochmals zu mir Opa sagst!"

☆

In München fragt ein Tourist aus dem Norden einen
Einheimischen: „Sagen Sie mal. Wenn ich da immer
geradeaus gehe, steht dann da das Hofbräuhaus?"
„Das ist wurscht", antwortet der Münchner. „Das
Hofbräuhaus steht auch da, wenn Sie nicht geradeaus
gehen!"

Schrille Typen und Holzfäller

Ulrike strickt wie eine Wilde.
„Warum beeilst du dich denn so?" fragt ihr Freund.
„Ich will fertig werden mit dem Pullover, bevor die Wolle
zu Ende ist", sagt Ulrike.

Ein Bauer karrt eine Fuhre Mist durch die Straße.
„Wo kommt denn dieser Mist hin?" fragt Bärbel.
„Auf die Erdbeeren", sagt der Bauer.
„Komisch", meint Bärbel. „Wir geben immer Sahne auf
die Erdbeeren!"

Der große Holzfäller kommt nach Hause.
„Ich habe einen schrecklichen Durst!" ruft er seiner Frau
zu.
„Es ist nur Wasser da!" sagt sie.
„Seit wann wäscht man sich gegen Durst!"

Sie geben mächtig an mit ihren Hunden.
„Mein Nicki kann schon bis hundert zählen!" prahlt Jupp.
„Ja, mein Nero hat mir's gestern erzählt", sagt Uli.

Was tut ein Schotte, wenn er auf der Straße eine Packung Hühneraugenpflaster findet?
– Er kauft sich ein Paar Schuhe, die ihm eine Nummer zu klein sind.

Bei der Polizei klingelt das Telefon.
Eine schrecklich aufgeregte Stimme piepst am anderen Ende der Leitung.
Endlich kommt der Polizist zu Wort:
„So so, Sie haben also eine Bombe im Wohnzimmer, die tickt. Das kommt freilich selten vor. Trotzdem dürfen Sie jetzt nicht den Kopf verlieren. Das ist das Wichtigste. Warten Sie geduldig, bis wir kommen. Und merken Sie sich: Solange die Bombe tickt, haben Sie nichts zu befürchten!"

☆

„Ich weiß ein ganz schweres Rätsel", sagt Susanne.
„Was ist das: Man kann sich die Hand damit abtrocknen, es fährt mindestens 80 Stundenkilometer, man trägt es meist am linken Arm?"
Die anderen raten herum und kommen nicht drauf.
„Nun sag's schon", drängen sie.
„Also, das ist ein Handtuch, ein Motorrad und eine Armbanduhr, was sonst?" sagt Susanne.

☆

167

„Bravo!" sagt der Quizmaster. „Mit dieser Antwort haben
Sie eine wunderwunderschöne Reise in den australischen
Busch gewonnen. – Und wenn Sie jetzt noch die zweite
Frage richtig beantworten können, dann gewinnen Sie
auch die Rückreise!"

☆

Herr Rüdiger sitzt mit seiner Frau wie immer vor dem
Fernseher.
Plötzlich sagt er: „Mir ist, als hättest du soeben etwas
gesagt."
„Nein nein", sagt sie. „Das war schon vorgestern."

☆

„Warum bewirfst du die Nachbarsbuben mit Steinen!"
„Weil sie Keuchhusten haben. Deshalb darf ich nicht mit
ihnen spielen!"

☆

Manuela kommt von der Reitstunde nach Hause.
Alle Knochen tun ihr weh.
„Nicht zu fassen", sagt sie, „daß ein Tier, das nur Gras
frißt, so hart sein kann!"

Herr Randomir kommt zum Psychiater und klagt: „Jeden Abend, ehe ich einschlafe, sehe ich unter meinem Bett ein Krokodil!"

„Herr Randomir", sagt der Psychiater. „Sie müssen sich nur immer sagen: ‚Da ist kein Krokodil, da ist kein Krokodil'!"

Herr Randomir verspricht es, kommt aber schon nach einer Woche wieder und sagt: „Ich sehe immer noch das Krokodil!"

„Dann sagen Sie eben noch mal eine Woche lang: ‚Da ist kein Krokodil, da ist kein Krokodil'!"

Herr Randomir dankt, geht nach Hause – und kommt nicht wieder. Der Psychiater macht sich Sorgen, geht zur Wohnung des Herrn Randomir und läutet.

Da öffnet ein fremder Mann.

„Sie wollen zu Herrn Randomir?" fragt er. „Den gibt es nicht mehr. Der wurde von einem Krokodil gefressen, das unter seinem Bett lag!"

Eine Dame, die sich jünger fühlt, als sie ist, steigt in die
U-Bahn. Martina will aufstehen.
Doch die Dame drückt sie auf ihren Platz zurück:
„Laß, Kleine", sagt sie, „ich stehe gerne."
Etwas später erhebt sich Martina wieder. Aber die Dame
schiebt sie wieder zurück. Und noch einmal versucht
Martina das gleiche, aber wieder besteht die Dame
darauf, daß Martina sitzenbleibt.
Da sagt Martina: „Ach, bitte, lassen Sie mich doch
aufstehen. Jetzt bin ich schon zwei Stationen zu weit
gefahren!"

☆

„Hast du dem Lonni gesagt, daß ich ein Idiot bin!"
„Nein, das hat er schon vorher gewußt!"

☆

„Wie geht es deinem Goldfisch?" fragt Bernd seinen
Freund Beppo. „Ist er noch krank?"
„Nein", sagt Beppo. „Seit gestern ist er wieder auf den
Beinen."

☆

Hugo kommt heim und berichtet, daß man ihm in der Straßenbahn die Geldbörse aus der Manteltasche geklaut hat.

„Mensch, das merkt man doch, wenn man eine fremde Hand in der Tasche hat!"

„Schon. Aber ich habe gemeint, daß es die meine war."

Die Vertreter sitzen abends beim Bier zusammen und erzählen:

„Ich habe einem Bauern eine Melkmaschine verkauft und seine einzige Kuh in Zahlung genommen", sagt der eine.

„Ich habe jemandem eine Kuckucksuhr verkauft und dazu einen Zentner Futter für den Kuckuck!"

„Und ich habe einem einen Anzug aufgeschwätzt, der einen roten und einen grünen Ärmel hatte und einen gelben Kragen!"

„Und hat der nichts gemerkt?"

„Nein, nur der Blindenhund hat geknurrt!"

Einer trommelt in einem Hotel wie wild an die Türe des einzigen Klos.

„Schnell, schnell", ruft er. „Ich habe Durchfall!"

„Seien Sie froh", ertönt es von drinnen. „Ich habe Verstopfung."

„Sie sollten sich so rasch wie möglich einmal gründlich
baden!" sagt einer zu einem Penner.
„Zu spät", sagt der. „Der Reißverschluß ist längst
eingerostet."

Pit will Bastler werden. Er kauft sich Werkzeuge, will
aber bald den Hammer wieder umtauschen.
„Warum?" fragt der Händler.
„Der Hammer geht nicht richtig. Der trifft immer auf
meinen linken Daumen!"

„Ist das nicht gemein!" sagt Gerhard. „Kurt hat zu mir
‚altes Rindvieh' gesagt!"
„. . . wo du noch gar nicht alt bist!" meint die Schwester.

„Kennst du etwas Schlimmeres, als Haare in der Suppe!"
„Ja, dasselbe umgekehrt!"

Babsi ist wahnsinnig geizig. Sie hat ihre Freundinnen zu
einer Limonadenparty eingeladen.
Dazu hat sie ein Fruchtbonbon an die Wasserleitung
gebunden und bittet um Selbstbedienung.

Melanie hat den Biofimmel. „Man muß alles Obst mit der
Schale essen", belehrt sie ihre Freundin. „Welches Obst
ißt du denn am liebsten?"
„Kokosnüsse und Ananas", sagt die Freundin.

Kurt hat sich beim Schifahren ein Bein gebrochen.
„War's schlimm?" wird er gefragt.
„O ja! Vater sagte, ich sei schon zu alt zum Heulen, und
Mutter sagte, ich sei noch zu jung zum Fluchen!"

Hugo wird gefragt: „Sag mal, du bist immer so langsam.
Du gehst so langsam, redest so langsam, schreibst so
langsam. Gibt es nichts, was schnell geht bei dir?"
„Doch, ich werde schnell müde."

Memmo geht im Supermarkt zur Kasse und sagt:
„Sie haben sich gestern beim Herausgeben um zwanzig
Mark geirrt!"
„Verschwinde!" schimpft die Kassiererin. „Das hättest du
sofort sagen müssen. Jetzt ist es zu spät!"
„Schon gut", sagt Memmo. „Dann behalte ich eben das
Geld!"

Steht einer mit einem Bauchladen vor einer Bank und
verkauft Blechmäuse zum Aufziehen.
Da kommt sein Freund vorbei und möchte fünf Mark
geborgt haben.
„Geht leider nicht", sagt der mit dem Bauchladen.
„Ich habe da einen Vertrag mit der Bank. Die dürfen
keine Blechmäuse zum Aufziehen verkaufen, und ich darf
kein Geld ausleihen!"

☆

Mathias sitzt im Zug und kaut an seinem Kaugummi
herum.
Ihm gegenüber sitzt eine alte Dame und sagt:
„Das ist ja lieb von dir, mein Junge, daß du mir die ganze
Zeit etwas erzählst. Aber leider bin ich taub und
verstehe kein Wort."

Familienquiz. Die Teilnehmer stellen sich vor.
Ein Mädchen steht auf: „Ich heiße Daniela, bin zwölf
Jahre alt und gehe zur Schule."
Ein Lehrer, der besonders witzig sein will, erhebt sich:
„Ich heiße Müller, bin 42 Jahre alt und gehe auch noch
zur Schule."
„Mensch, muß der bekloppt sein", flüstert Fritz seiner
Mutti zu.

Sie reden von schrecklichen Träumen.
„Mein schlimmstes Erlebnis war, als ich neulich geträumt
habe, ich sei ein Chinese."
„Was soll daran so schlimm sein?"
„Wo ich doch kein Wort Chinesisch kann!"

Viola erzählt ihrer Freundin: „Gestern habe ich in einem
Schaufenster einen sagenhaft schicken Rock gesehen. Als
ich ihn kaufen wollte, hat mir der Verkäufer gesagt, daß
es gar kein Rock, sondern ein Gürtel war."

„Verdammt noch mal!" und vieles andere brüllt ein
Holzhacker, nachdem ihm ein schwerer Ast auf den Fuß
gefallen ist.
„Mein Sohn", sagt der Pfarrer, der soeben vorbeikommt.
„Anstatt Gott zu lästern, könntest du wie alle anständigen
Leute ‚Scheiße' sagen!"

„Ich möchte eine Brille!"
„Kurzsichtig oder weitsichtig?"
„Durchsichtig!"

☆

Wütend stürmt Herr Deinlein ins Uhrengeschäft.
„Vor vier Wochen habe ich diese Uhr in Ihrem Laden
gekauft. Damals haben Sie gesagt, die Uhr würde bis an
mein Lebensende halten. Und jetzt ist sie hin!"
„Wenn Sie wüßten, mein Herr", sagt der Verkäufer, „wie
schlecht Sie vor vier Wochen ausgesehen haben!"

☆

Der Holzfäller kommt zum Arzt und klagt: „Immer, wenn ich Kaffee oder Tee trinke, habe ich ein schreckliches Stechen im Auge!"
„Nehmen Sie beim nächstenmal den Löffel aus der Tasse!" verordnet der Arzt.

Anneliese spielt Gitarre und singt dazu. Nicht schön, aber häufig.
Krista, ihre Freundin, hört zu und sagt dann: „Also, mein Onkel würde ein Vermögen ausgeben, um dich zu hören!"
„Das müßte sich doch machen lassen", meint Anneliese geschmeichelt.
„Eben nicht! Mein Onkel ist völlig taub."

„Laßt Blumen sprechen!" steht im Schaufenster des Blumengeschäfts geschrieben.
Lothar geht in den Laden und fragt: „Haben Sie einen Kaktus, der ‚Mama' sagen kann?"

„Für 5 Pfennig gemischte Bonbons", bestellt der kleine
Bruno im Tante-Emma-Laden der Frau Krause.
„Hier haste zwei Bonbons. Mischen kannste sie dir
selber!" sagt der alte Krause.

☆

Die Freundinnen sitzen in der Eisbar und tratschen.
„Also, über die Ilse kann man nur Gutes sagen", meint
Lotte.
„Dann wollen wir über jemand anderen reden", sagt
Mona.

☆

„Ich habe ein ausgezeichnetes Gedächtnis", gibt einer an.
„Ich kann mir alles merken – bis auf drei Dinge: Erstens
Namen, zweitens Zahlen und drittens... drittens... Das
hab ich jetzt vergessen."

☆

„Ich habe einen Holzsplitter im Finger!"
„Warum mußt du dir auch dauernd den Kopf kratzen!"

☆

Kommt einer und besucht die Familie Zankerl in der
Neubauwohnung.
„Sagt mal, habt Ihr Mäuse im Haus?" fragt der Besuch.
„Nö", sagt Herr Zankerl. „Das ist unser Nachbar. Der ißt
gerade sein Knäckebrot!"
„Das ist ja fast so schlimm wie bei uns", sagt der Besuch.
„Wenn unser Nachbar Herzklopfen hat, dann müssen wir
Baldriantropfen einnehmen!"
„Dafür haben wir unserem Dackel beigebracht, mit dem
Schwanz von oben nach unten zu wedeln. Zum Links-
nach-rechts-Wedeln ist hier kein Platz!"

Die Mädchen schieben einen Kinderwagen. Da kommt
ein Nachbar daher, einer von denen, die ihre Nasen
überall drinhaben müssen, und fragt: „Ist das ein
Mädchen da drinnen?"
„Nein, kein Mädchen", sagt Silke.
„Dann ist es wohl ein Junge?"
„Toll, wie Sie das erraten haben!"

Emil kommt mürrisch und mit einer geschwollenen
Backe nach Hause.
„Was ist mit dir?" wird er gefragt.
„Moritz, dieser miese Kaffer, hat mich ohne jeden Grund
verhauen!"
„Irgendeinen Grund muß er doch gehabt haben!"
„Nur, weil ich ihm eine geklebt hatte!"

„Sind das deutsche oder holländische Tomaten?"
erkundigt sich eine Dame bei der Marktfrau.
„Was ist? Wollen Sie die Tomaten essen oder wollen Sie
vorher mit ihnen plaudern?" fragt die Marktfrau zurück.

„Ihr Mann braucht unbedingt mehr Ruhe!" sagt der Arzt
zu der Dame.
„Sehen Sie, sehen Sie, Herr Doktor! Genau dasselbe sag
ich mindestens tausendmal am Tag!"

„Wann kannst du wiederkommen?" fragt der Zahnarzt die
Heidi.
„Morgen vielleicht", antwortet Heidi. „Am Mittwoch geht
es nicht, da haben wir schulfrei... Am besten wäre der
Freitag, da haben wir Mathe-Schularbeit!"

Im kleinen Zoo ist ein Löwe gestorben. Da stellen sie
den Hugo ein, stecken ihn in ein Löwenfell und sperren
ihn in einen Löwenkäfig.
„Es genügt, wenn du dich hinlegst und schläfst!" sagt der
Direktor.
Aber eines Tages paßt der Wärter nicht auf und läßt die
Türe zum Nachbarkäfig offen. Und schon kommt ein
anderer Löwe zu Hugo herüber.
Hugo geht in die Knie und fängt an zu bibbern. Da sagt
der andere Löwe zu Hugo: „Mensch, halt die Schnauze,
sonst verlieren wir beide unseren Job!"

Sebastian sitzt in der U-Bahn. Plötzlich stupst er eine alte
Dame an, die neben ihm steht:
„Paß auf, Muttchen", sagt er. „An der nächsten Station
steige ich aus. Wenn du auf Draht bist, kriegst du meinen
Sitzplatz!"

EINMAL ÖLWECHSEL BITTE!

Jutta und Angela waren im Kino. Weil es regnet, fahren
sie mit dem Taxi nach Hause.
Als sie daheim angekommen sind, sagt der Fahrer:
„Macht fünf Mark achtzig!"
Da wird Jutta blaß. „O je", sagt sie, „jetzt haben wir nur
vier fünfzig dabei. Können Sie uns bitte so weit
zurückfahren, daß es einsdreißig weniger ausmacht?"

„Bring das nächste Mal einen in die Kirche mit!" hat der
Pfarrer seinen Leuten gesagt.
Das nächstemal kommt Ferdl total ramponiert zur Kirche.
„Was ist mit dir?" sagt der Pfarrer.
„Ich wollte einen mitbringen", antwortet Ferdl. „Aber
der war stärker als ich."

Knut geht auf dem Bürgersteig und paßt nicht auf. Darum
rennt er mit einem Mann zusammen.
„Paß doch auf, du Knallkopf!" schimpft der Mann.
„Glaubst du wohl, ich bin ein Laternenpfahl!"
„Bestimmt nicht", sagt Knut. „Sonst wären Sie oben heller!"

Drei stehen am Fluß, spucken manchmal in die Fluten
und haben die Hände in den Taschen vergraben.
Kommt ein alter Pensionist vorbei, einer von denen, die
alles wissen müssen, und fragt: „Was tust du da?"
„Ich? Ich tu nix."
„Und du?" fragt er den zweiten.
„Ich tu auch nix."
„Und was tust du?" fragt er den dritten.
„Ich? Ich helf den zweien!"

Eine Dame steigt in die U-Bahn. Alle Plätze sind besetzt.
Die Dame blickt streng und geht zu Horsti hin.
„Möchtest du bitte aufstehen!" sagt die Dame.
„Nönö", sagt Horsti. „Den Trick kenne ich. Dann setzen
Sie sich auf meinen Platz!"

„Seit fünf Wochen warte ich, daß Sie kommen und unsere
Klingel reparieren!"
„Fünfmal war ich schon bei Ihnen und hab geklingelt und
geklingelt. Aber kein Mensch hat mir aufgemacht."

Der Zahnarzt schaut dem Thomas in den Mund und sagt:
„Mann, du hast vielleicht einen hohlen Zahn Zahn Zahn!
Das ist gar kein Loch Loch Loch!
Das ist schon eine Höhle Höhle Höhle!"
„Deshalb brauchen Sie doch nicht alles dreimal zu
sagen!" schimpft Thomas.
„Tu ich auch nicht", sagt der Zahnarzt. „Das ist das Echo!"

☆

„Warum frißt du am laufenden Band Speiseeis?"
„Ich glaube, ich habe einen Bandwurm. Und den friere
ich jetzt ein!"

☆

August sitzt im Zugabteil, ihm gegenüber sitzt ein
seltsamer Herr. Plötzlich spuckt dieser Herr dem August
haarscharf am linken Ohr vorbei.
August ist sprachlos. Doch schon schöpft der seltsame
Herr wieder Luft und spuckt millimetergenau dem
August am rechten Ohr vorbei.
Dann steht er auf und stellt sich vor:
„Gestatten Sie, Spino Spuccati, Meisterspucker!"
Da nimmt August ein Maulvoll Luft, spuckt dem
seltsamen Herrn mitten ins Gesicht und sagt:
„Gestatten Sie, August Hammer, Anfänger!"

☆

Das grüne Männchen vom Mars kommt in eine Kneipe
und bestellt ein Pils.
„Soeben angekommen?" fragt der Wirt.
„Soeben angekommen", sagt das grüne Männchen.
„Sie sind der erste Marsmensch in meiner Kneipe!"
„... und sicher auch der letzte. Mensch, bei diesen
Preisen!"

Auf der Straße eine riesige Menschenansammlung. Alle
drängen und sind aufgeregt.
„Was ist hier los?" fragt Anka einen Mann.
„Keine Ahnung", sagt der. „Der letzte, der das gewußt
hat, ist vor zehn Minuten heimgegangen!"

Fabian rennt auf der Straße und hält einen Mann an:
„Bitte, können Sie mir rasch sagen, wie man zu den
Berliner Philharmonikern kommt?"
Da hebt der andere den Zeigefinger und sagt: „Üben,
üben und noch mal üben!"

WAR ES EIN GROSSER SCHECK, DEN SIE VERLOREN HABEN?

NEE, UNGEFÄHR POSTKARTENGRÖßE.

„Was gibt dreimal sieben?"
„Ganz feinen Sand!"

☆

Die Punkerbraut hat sich neue Klamotten gekauft.
Sie erkundigt sich an der Kasse: „Und wenn diese Fetzen
zu Hause gefallen sollten, darf ich sie dann wieder
umtauschen?"

☆

Ein Herr besichtigt eine neue Wohnung.
„Sie gefällt mir", sagt er zum Hausbesitzer. „Nur die
Dynamitfabrik nebenan stört mich etwas!"
„Ooch", sagt der Hausbesitzer. „Da müssen Sie sich keine
Gedanken machen. Die fliegt sowieso eines Tages in die
Luft!"

☆

„Ich habe nicht die geringste Lust, zu Karins
Geburtstagsparty zu kommen", sagt Evi zu ihrer Freundin.
„Ich auch nicht", sagt die Freundin. „Aber stell dir vor,
wie sich Karin freuen würde, wenn wir beide nicht
kämen!"
„Da hast du recht!" sagt Evi. „Dann nichts wie hin!"

186

Nachts klingelt bei Herrn Moosbrugger das Telefon.
„Ist dort einundzwanzig elf?" fragt der am anderen Ende.
„Nein, hier ist zwei eins eins eins!"
„Ach, entschuldigen Sie, dann bin ich falsch verbunden!"
„Macht nichts", sagt Herr Deinlein. „Ich habe sowieso
aufstehen müssen; das Telefon hat nämlich geklingelt!"

Ein Langhaariger sitzt beim Friseur. Plötzlich holt der
Friseur einen Magneten und fährt wie wild durch die
Haarpracht.
„Neue Frisiertechnik?" fragt der Langhaarige.
„Schere verloren", antwortet der Friseur.

„Geht's gut?"
„Na ja, geht schon besser."
„Das ist gut, daß es besser geht!"
„Aber besser wär's, wenn's gut ginge!"

Der kleine Tilmann kommt in die Apotheke.
„Ich habe gestern ein Glas Kraftpulver bei Ihnen
gekauft", piepst er.
„Und? War was nicht in Ordnung?"
„Ich krieg's nicht auf."

☆

Der kleine Tilmann muß Kartoffeln einkaufen. „Zwei Kilo
Kartoffeln bitte", sagt er zur Gemüsefrau.
„Aber nicht so große, damit ich nicht so schwer
schleppen muß."

☆

Unsere Tante Finni spielt Klavier. Immer Klassiker. Und
mag einfach nicht aufhören.
Jetzt spielt sie schon zwei Stunden lang. Da geht unser
kleiner Bruder, der Willi, zu ihr hin und sagt: „Wenn du
nicht mehr anhalten kannst, Tante, ich glaube,
der rechte Hebel da unten, das ist die Bremse!"

☆

Ein andermal ist Willi mit den Eltern in einem
Cellokonzert. Plötzlich hört man ganz deutlich Willis
Stimme: „Gell Papi, wenn der Mann da oben seinen
Kasten durchgesägt hat, dürfen wir heimgehen!"

„Dein Husten hört sich heute schon viel besser an!" lobt
der Hausarzt den Otto.
„Kein Wunder", sagt Otto. „Ich habe auch die ganze
Nacht geübt!"

Kanadier sind harte Burschen. Eine Eishockeymannschaft
fliegt nach Europa. Um die Zeit auszunützen, trainieren
sie im Flugzeug.
Der Pilot läßt jedoch den Trainer holen: „Also, Leute, das
geht nicht, das Flugzeug schwankt, es ist viel zu
gefährlich!"
Der Trainer verschwindet, und nach einiger Zeit ist
tatsächlich Ruhe.
„Wie haben Sie das hingekriegt?" fragt später der Pilot
den Trainer.
„Ganz einfach", sagt der. „Ich habe den Puck zum Fenster
hinausgeworfen und gesagt: ‚Spielt draußen weiter!'"

DAS BENZIN SOLL
TEUERER WERDEN !

MACHT NIX, ICH TANKE
SOWIESO IMMER NUR
FÜR 30 DM.

Mats Zuber ist ein fürchterlicher Angeber. Er geht auch nicht mehr zur Schule, weil ihm die Zeit dafür zu schade ist.

„Was machst du jetzt?" fragt ihn ein alter Freund.

„Ich arbeite bereits an meiner zweiten Million!"

„Toll! Und die erste?"

„Ja, das hat leider nicht geklappt!" sagt Mats.

„Mein Junge hat einen Stein gegen den Kopf bekommen. Meinen Sie nicht, daß das schlimme Folgen für später haben kann?"

„Auf gar keinen Fall. Schauen Sie, mir ist früher einmal ein Plattenspieler auf den Kopf gefallen. Das hat auch keine Folgen gehabt... Folgen gehabt... Folgen gehabt."

☆

Es ist Herbst. Die Birnen in Pfarrers Garten sind reif und sehr verlockend.

Der Pfarrer, der seine Schäfchen kennt, hängt vorsichtshalber ein Plakat auf: „Gott sieht alles!"

Am nächsten Tag fehlen eine Menge Birnen. Am Plakat jedoch hat einer daruntergeschrieben: „Aber er verpfeift uns nicht!"

Jutta hat einen Hund bekommen, einen jungen
Bernhardiner, und führt ihn zum erstenmal durch die
Siedlung. Da kommt ihnen ein netter alter Herr
entgegen.
„Würden Sie bitte meinen Hund streicheln?" sagt Jutta zu
dem netten alten Herrn.
„Du liebst ihn offenbar sehr?" fragt der Herr.
„Das auch", antwortet Jutta. „Aber ich will eigentlich nur
mal sehen, ob er beißt."

☆

Nora wird in der U-Bahn ohne Fahrkarte erwischt.
„Warum hast du keinen Fahrausweis?" fragt der
gestrenge Kontrolleur.
„Heute muß jeder sparen!" behauptet Nora.

☆

Zwei Tomaten treffen sich auf der Straße und plaudern
ein wenig. Als sie sich verabschieden, sagt die eine:
„Tschüs, Tomate!"
Da kommt ein Laster und überrollt sie.
„Tschüs, Ketchup!" sagt da die andere.

☆

Konni steht im Tante-Emma-Laden.
„Senf, bitte", sagt er.
„Soll er für Weißwürste sein?" fragt der gewissenhafte
Herr Krause, „oder für Wienerle oder für was?"
„Für Türklinken", antwortet Konni.

Egon ruft den Metzgermeister Klopfer an.

„Haben Sie Schweinsfüße?" fragt Egon.

„Klar doch, habe ich!"

„Und auch einen Schweinebauch?"

„Sicher."

„Und einen Schweinskopf auch?"

„Freilich."

„Mensch", sagt Egon. „Wie müssen Sie aussehen!"

Ludwig sitzt im Kino und bekommt Streit mit so einem Typen, der vor ihm sitzt.

„Du häßliches Scheusal!" schimpft Ludwig.

Da steht der andere auf und Ludwig sieht, was für ein Riesenmonster das ist.

„Hast du mich ein häßliches Scheusal genannt!" fragt das Monster.

„Nein, ich habe nicht dich gemeint. Ich habe dich mit einem anderen Typen verwechselt, der so ähnlich aussieht wie du!"

„Wie komme ich am allerschnellsten ins Kreiskrankenhaus?"

„Ganz einfach. Sehen Sie dort vorne die Kreuzung mit der Ampel? Dort warten Sie bis rot kommt, dann gehen Sie hinüber. Und bald darauf sind Sie im Kreiskrankenhaus."

Friedrich-Theodor sitzt im Zug, und ihm ist furchtbar
schlecht. Plötzlich macht's „hup" und ein feiner Herr, der
ihm gegenüber sitzt, hat die ganze Sauerei am Anzug.
Wütend springt der feine Herr auf und brüllt:
„Was erlaubst du dir, du Schwein du!"
Da sagt Friedrich-Theodor: „Was sagen Sie zu mir!
Schwein sagen Sie zu mir! Schaun Sie doch sich selber
an, wie Sie ausschaun!"

☆

Kommt einer zum Psychiater und sagt: „Herr Doktor, es
ist ganz schlimm mit mir. Ich kann mir absolut nichts
mehr merken. Aber schon gar nichts."
„Wie lange haben Sie das schon?" fragt der Doktor.
„Was soll ich haben?" fragt der Patient.

„Unser Nachbar hat einen Stein durch unser Fenster geworfen, weil meine Schwester Blockflöte geübt hat!"
„Der muß schön bescheuert sein. Da hört er sie ja noch besser!"

Heiner ist ein technisches Genie. Er hat eine moderne, vollautomatische Mausefalle konstruiert.
„Hat sie funktioniert?" fragt er seine Schwester, als er von der Schule nach Hause kommt.
„Ganz super!" sagt sie. „Drei Mäuse liegen schon davor, weil sie sich über deine Technik totgelacht haben!"

„Ich brauche unbedingt einen neuen Kamm, dem alten ist eine Zacke abgebrochen."
„Wegen einer Zacke braucht man sich doch keinen neuen Kamm zu kaufen!"
„Es war aber die letzte Zacke . . ."

Das Skelett kommt zum Zahnarzt und läßt die Zähne
untersuchen.
„Also", sagt der Zahnarzt. „Ihre Zähne wären soweit in
Ordnung. Nur Ihr Zahnfleisch macht mir Sorgen!"

Das Skelett geht über den Friedhof und hat einen
schweren Grabstein unter dem Arm.
„Warum schleppst du dich denn so ab?" fragt ein anderes
Skelett.
„Ohne Personalausweis kannst du heute den größten
Terror kriegen!" sagt das Skelett.

☆

Skelett kommt zum Arzt.
„Etwas früher hätten Sie schon kommen können!" brummt
der Onkel Doktor.

☆

Inserat in der Zeitung:
Fast neuer Christbaum zu verkaufen.
Nur dreimal dran gesungen.

☆

Ein Dachdecker ist vom Dach gefallen. Die Leute
drängeln sich um ihn, damit sie alles sehen können.
Kommt eine alte Dame dazu und fragt den Dachdecker:
„Ist da was passiert?"
„Weiß ich nicht", sagt der. „Bin eben erst hier
angekommen!"

„Warum wimmern Sie so?" fragte der Zahnarzt. „Ich habe
noch gar nicht angefangen!"
„Aber Sie stehen auf meinen Zehen!" sagte der Patient.

Im Bus schimpft ein Herr.
„Unglaublich, diese Jugend heute! Keine Manieren,
keinen Anstand!"
„Aber regen Sie sich doch nicht so auf. Der junge Mann
da hat Ihnen doch seinen Platz angeboten!"
„Ja, schon. Aber meine Frau steht noch immer!"

Unser Obsthändler ist wegen Betrug verhaftet worden. Er
hat Stachelbeeren rasiert und als Weintrauben verkauft!

„Sag mal, warum hast du keine Uhr in deinem Zimmer?"
„Brauch ich nicht. Da drüben ist der Kirchturm!"
„Und was machst du nachts?"
„Bei Nacht habe ich meine Trompete."
„Versteh ich nicht."
„Hör zu! Wenn ich nachts wissen will, wie spät es ist,
nehme ich meine Trompete und blas zum Fenster hinaus.
Dann schreit bestimmt irgendwo einer: ‚Welcher Idiot
bläst da um drei Uhr nachts Trompete!' Ja, und dann weiß
ich, wie spät es ist."

☆

„Können Sie Klavier spielen?" wird ein Engländer gefragt.
„Weiß ich nicht", sagt er. „Ich habe es noch nicht
probiert."

„Arme Leute gibt's! Man kann sich das kaum vorstellen. Die Hubermüllers zum Beispiel, die müssen sich ihre Weihnachtslieder selber singen!"
„Und die Meiers erst! Da müssen zwei Töchter gleichzeitig am Klavier spielen!"

☆

Der Zahnarzt fummelt in Torstens Gebiß herum, dann sagt er: „Also, deine Zähne sind soweit in Ordnung. Nur der Kaugummi müßte gelegentlich erneuert werden."

Mein Hund hat eine Meise

Weinend kommt die Mücke nach Hause. „Ich bin von der Polizei angehalten worden. – Promille! Der Führerschein ist im Eimer!" jammert sie.
Da tobt ihr Alter: „Tausendmal habe ich dir gesagt, du sollst aufpassen und nicht jeden besoffenen Oktoberfestbesucher anstechen!"

Treffen sich zwei Motten. „Mir ist ja soooo schlecht", sagt die eine. „Ich habe ein Polyamid-T-Shirt angeknabbert!" „Geschieht dir recht", sagt die andere. „Wozu haben wir die Bio-Welle. Friß Wollsocken, das ist gesund!"

Der Kardinal von Köln hat einen unglaublich gescheiten Papagei. Immer, wenn der Kardinal am Morgen das Zimmer betritt, sagt der Papagei: „Guten Morgen, Eminenz!"
Neulich betrat der Kardinal in seinem feierlichsten Ornat das Zimmer. Da hüpfte der Papagei ganz begeistert herum und brüllte: „Kölle alaaf!"

Alexander will einen Hund kaufen und betritt eine Tierhandlung.

„Was kostet der Riesenschnauzer dort?" fragt Alexander den Händler.

„Dreihundert Mark", sagt der Händler.

Alexander findet das ein wenig teuer und sucht einen kleineren Hund.

„Was kostet dieser Foxterrier dort?"

„Sechshundert Mark", sagt der Händler.

„Und dieser Zwergdackel?"

„Tausend Mark."

„Und der winzige japanische Pinscher dort?"

„Der kostet zweitausend Mark."

„Sagen Sie mal", fragt Alexander besorgt. „Was kostet bei Ihnen gar kein Hund?"

Der Hofhund kommt zur Gänseschar und sagt:

„Ich habe heute eine gute und eine schlechte Nachricht für euch. Zuerst die gute: Die Jäger haben gestern alle Füchse der Gegend abgeknallt. Und jetzt die schlechte: Morgen feiern sie das mit einem großen Gänseessen!"

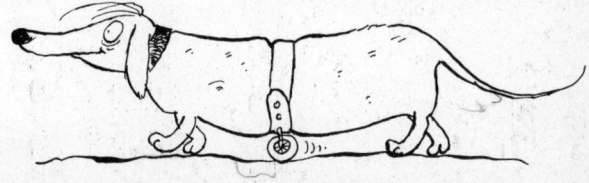

Maus und Elefant gehen zum Baden. Nach einer Weile sagt die Maus zum Elefanten: „Komm, bitte, sofort aus dem Wasser heraus!"

Der Elefant tut's.

„Okay", sagt die Maus. „Jetzt darfst du wieder hineingehen."

Da brummelt der Elefant: „Darf ich wissen, warum du mich so in der Gegend umherscheuchst?"

„Ich wollte nur kontrollieren", sagt die Maus, „ob du meine Badehose anhast."

☆

Maus und Elefant gehen über eine Holzbrücke.

„Hörst du", sagt die Maus, „wie wir trampeln!"

☆

Der Elefant tritt der Maus versehentlich auf den Fuß. Da hüpft die Maus wie wild im Dreieck.

Dem Elefanten tut das leid, und er entschuldigt sich pausenlos.

„Mach dir nichts draus", sagt die Maus. „Das hätte mir auch passieren können."

☆

„Bist du aber klein!" sagt der Elefant zur Maus.

„Das glaub ich schon", meint die Maus. „Wo ich doch jetzt drei Wochen so schwer krank war!"

Die Maus sitzt im Kino und sieht sich einen Film an.
Da kommt der Elefant und setzt sich direkt vor die Maus,
so daß ihr die Sicht versperrt ist. Nach einiger Zeit
springt sie wütend auf, rennt vor und setzt sich genau vor
den Elefanten hin. Dann dreht sie sich um und zischelt:
„So. Jetzt kannst du einmal sehen, wie das ist, wenn sich
einer genau vor dich hinsetzt!"

Die Maus hat den Elefanten in ihre Wohnung eingeladen.
Während die beiden über die Kellertreppe schleichen,
sagt die Maus zum Elefanten: „Paß gut auf, da stehen
Mausefallen!"

Die Maus und der Elefant wandern durch die Wüste. Die
Maus ist froh, daß sie im Schatten des Elefanten gehen
kann. Allmählich aber bekommt sie ein schlechtes
Gewissen.
„Wir können ja dann tauschen, wenn es dir zu heiß wird!"
sagt sie zum Elefanten.

Ein kleiner Fuchs hockt allein vor seinem Bau. Papi und
Mami sind fort.
Da kommt der Hase vorbei, sieht den Kleinen und fragt:
„Ist dein Vati da?"
„Nein."
„Ist deine Mami da?"
„Auch nicht."
„Ist dein großer Bruder da?"
„Nein."
Da sagt der Hase: „Komm her! Magst eine Ohrfeige?"

Zwei Schildkröten treffen sich.
„Wie geht es dir?" fragt die eine.
„O, ganz prima. Ich arbeite in einem feinen Restaurant."
„Ist das nicht gefährlich? Was tust du da?"
„Eigentlich gar nichts. Die verkaufen nur mein
Badewasser als Schildkrötensuppe."

„Wir haben einen Hund, der ist absolute Spitze!
Jeden Morgen haut er ab und holt mir die Zeitung."
„Quatsch! Das machen andere Hunde auch."
„Aber wir haben gar keine Zeitung abonniert!"

Lisa und Edith sind im Zoo und bestaunen die Giraffen.
Es ist wahnsinnig heiß.
„Du", sagt Lisa verträumt. „Jetzt eine Limo und dann so
einen langen Hals wie die Giraffen, daß es schön
langsam hinunterzischt! Das wär's!"

☆

„Nennt mir Tiere, die in Europa nicht vorkommen!"
Alle wissen etwas: Elefant, Schakal, Stinktier, Löwe...
„Dackel!" ruft Ferdl.
„So ein Unsinn!" schimpft der Lehrer.
„Also, unser Dackel. Wenn der mal unterm Sofa ist! Da
könnense rufen, soviel Sie wollen. Der kommt einfach
nicht vor!"

☆

Auf einem Baum sitzen: Vater Eichhörnchen, Mutter
Eichhörnchen, Sohn Eichhörnchen, Tochter Eichhörnchen
und Klein Eichhörnchen. Ein Sturm kommt und bläst den
ganzen Verein vom Baum. Weil sonst nichts passiert ist,
sagt Klein Eichhörnchen: „Da haben wir drei nochmals
Glück gehabt!"
Jetzt die Frage: Warum spricht Klein Eichhörnchen nur
von dreien?
Antwort: Klein Eichhörnchen ist so klein, daß es nicht
weiter als bis drei zählen kann!

Kalle ist der Schüler, der keine Antwort schuldig bleibt.
„Wozu gehört der Hase?" fragt der Lehrer.
„Zu den Nagetieren", sagt Kalle.
„Und die Ameise?"
„Zu den Hautflüglern!"
„Sehr gut! Und der Wal?"
„Zu den Säugetieren."
„Ausgezeichnet! Und der Hering?"
„Zu den Pellkartoffeln."

Die kleine Schnecke darf zum erstenmal allein fortgehen.
Mutti ist sehr besorgt. „Paß aber auf", sagt sie, „daß du in
den Kurven nicht ins Schleudern kommst!"

„Gehst du mit mir in den Zoo. Da haben sie jetzt eine
ganz große Riesenschlange!"
„Nöö. Viel zu faul. Da hol ich mir Papas große Lupe, geh
in den Garten und schau mir einen Regenwurm an!"

Das junge Affenpaar bekommt sein erstes Kind.
Der Affenvater steht etwas betroffen vor seinem
Sprößling und weiß nicht recht, was er sagen soll.
„Mach dir nichts draus", sagt die Affenmama.
„Am Anfang sehen sie alle aus wie Menschen."

„Was ist das: Es ist grün, lebt einen halben Meter unter
der Erdoberfläche und frißt Steine?"
– „Das ist der Grüne Steinbeißer."
„Und jetzt eine schwierigere Frage: Nehmen wir an, wir
graben einen Schacht von hier aus in den Boden bis zum
Mittelpunkt der Erde, und dann noch weiter, so daß wir
am anderen Ende der Erde wieder herauskommen.
Kapiert?
Und nun paß gut auf: Wir nehmen einen Stein und werfen
ihn in diesen Schacht. Wie weit fällt der Stein? Hundert
Meter tief? Bis zum Erdmittelpunkt oder unten am
anderen Ende wieder heraus?
Na?
Der Stein fällt genau einen halben Meter tief!
Dann frißt ihn nämlich der Grüne Steinbeißer."

☆

„Wir haben eine Katze, die ist unwahrscheinlich klug!"
prahlt Anna. „Die kennt sogar die Uhr!"
Kein Mensch glaubt ihr das, und alle schreien
durcheinander.
„Ja, bestimmt!" sagt Anna. „Wenn du der eine Uhr und
eine Wurst nebeneinander hinlegst, dann kennt die sofort
die Uhr und frißt die Wurst!"

☆

Klaus ruft seinen Freund an. Aber der ist nicht zu Hause.
Nur der Hund ist da.
Darum hebt der Hund den Hörer ab und sagt: „Wau".
„Hallo, hallo, ich verstehe nichts!" sagt Klaus.
„Wau", sagt der Hund wieder.
„Buchstabieren Sie bitte", sagt Klaus.
„Wilhelm, Anton, Ulrich", sagt der Hund.

☆

„Wer sieht besser als der Mensch?" – „Die Katze."
„Wer hört besser als der Mensch?" – „Der Hund."
„Wer riecht besser als der Mensch?" – „Die Rose."

☆

Quizmasterfrage: „Zu welcher Tierart gehören die
Brillenschlangen?"
Kandidatenantwort: „Zu den Kurzsichtigen!"

Dieter gibt mächtig an mit seinem Hund. Mit
geheimnisvoller Miene vertraut er seinen Freunden an:
„Mein Zamperl ist ein Polizeihund!"
„Was? Dieser winzige Köter!" lachen die Freunde.
„Das sieht man dem Knirps aber nicht an!"
„Soll man auch nicht", sagt Dieter. „Er ist bei der
Geheimpolizei!"

Herr Knöferl wirft seinen Stock in den Baggersee.
Sein Hund, der Waggi, rennt übers Wasser und holt den
Stock zurück.
„Also, so ein wunderbares Tier!" staunt ein Spaziergänger.
„Wie bringt der Kerl das nur fertig!"
„Was soll er sonst schon machen!" sagt Herr Knöferl.
„Er kann ja nicht schwimmen, der Waggi!"

Mister McNamara pokert mit seinem Hund. Da kommt
einer vorbei, sieht das und wundert sich.
„Also, so einen intelligenten Hund habe ich in meinem
ganzen Leben noch nicht gesehen!"
Da sagt Mister McNamara: „So klug, wie Sie meinen, ist
er nun auch wieder nicht. Immer, wenn er ein gutes Blatt
hat, wedelt er mit dem Schwanz und verrät sich!"

Der Breitmaulfrosch kommt zum Fotografen und sagt: „Ich hätte so gerne ein Bild von mir. Aber, wie kann man es machen, daß mein Mund nicht so entsetzlich breit wirkt?"
„Das werden wir gleich haben", sagt der Fotograf.
„Paß auf, genau in dem Augenblick, wo ich auf den Auslöser drücke, sagen Sie ‚Konfitüüüüüre'. Kapiert?"
Der Breitmaulfrosch nickt.
„Achtung!" ruft der Fotograf und drückt auf den Auslöser.
Und der Breitmaulfrosch sagt: „Marmelaaaade".

☆

Unsere beiden Hunde liegen in der Hütte. Sagt der Bello zum Nicki: „Schau mal raus, Kleiner, was für ein Wetter ist!"
Nicki geht und kommt zurück: „Es gießt, was runtergeht und ist saukalt!"
„Nö", sagt Bello und dreht sich gemütlich auf die andere Seite. „Bei diesem Menschenwetter bleiben wir schön zu Hause!"

☆

„Halt dich gerade, Kind", sagt die Heringsmama.
„Sonst wird aus dir noch ein Rollmops!"

☆

„Mensch, du bist schon zwölf und kannst immer noch nicht schwimmen!"

„Daran ist nur mein Hund schuld!"

„Wieso? Verstehe ich nicht."

„Immer, wenn ich ins Wasser gestiegen bin und das Schwimmen probieren wollte, ist er mir nachgesprungen und hat mich gerettet!"

☆

Die Katze hat die Maus zu einem Konditoreibesuch eingeladen.

„Was darf's sein?" fragt das Servierfräulein.

„Käsekuchen und Schokolade", sagt strahlend die Maus.

„Und ich", sagt die Katze, „möchte nur einen Klacks Sahne auf die Maus!"

Ein Löwenpaar spaziert durch die Wüste. Da liegt ein
Ritter in voller Rüstung und schläft unter einem Baum.
„Magst du einen Ritter?" fragt der Löwe.
Sie aber zieht die Nase hoch: „Nicht schon wieder
Konserven!"

☆

Heulend kommt ein kleiner Tausendfüßler zum Tierarzt:
„Herr Doktor, mir tut ein Fuß so schrecklich weh!"
„Schauen wir halt", sagt der Doktor. „Welcher ist es
denn?"
„Das ist es ja!" sagt der kleine Tausendfüßler. „Ich kann
nur bis hundert zählen!"

☆

Mutti Feldmaus geht mit ihrem Kind spazieren.
Da rauscht über sie eine Fledermaus dahin.
„Schau, Mami", flüstert die kleine Feldmaus.
„Dort oben fliegt ein Engel!"

„Herr Doktor, was kann ich dagegen tun, mein Sultan jagt ständig kleine Autos!" sagt Dirk zum Tierarzt.
„Ach, das ist nicht schlimm, das machen viele Hunde", beruhigt ihn der Arzt.
„Schon, aber mein Sultan fängt die Autos und verscharrt sie im Garten!"

Christiane kommt zum Tierhändler und erklärt:
„Also, ich möchte einen Hund haben, mittelgroß, braun und weiß, schlank wie ein Windhund, aber mit einem ganz großen Kopf und einem buschigen Schwanz, dazu kleine, dünne Beinchen. Haben Sie so was?"
„Da mußt du in einigen Monaten wieder kommen", sagt der Händler.
„Auf Lager haben Sie das nicht?"
„Ne, bisher haben wir so was eingeschläfert!"

„Warum kommst du so spät zur Ballettstunde!" schimpfen die anderen Tiere den Tausendfüßler.
„Weil irgend so ein Idiot draußen vor der Tür ein Plakat angebracht hat: „Füße gründlich abputzen!"

Der Bauer Mitterhuber bringt ein Straußenei in den Hühnerstall und sagt zu den Hennen: „Ich will euch ja nicht schlechtmachen! Aber zeigen möchte ich euch schon, was anderswo geleistet wird!"

Ein Bauer sagt zu seinem Nachbarn: „Du solltest deinen Hahn schlachten, der schleicht immer so traurig umher!" „Meinst du, daß er dann lustiger wird?" fragt der andere.

„Du bist der reinste Wirbelwind", sagt eine Schnecke zu der anderen. „Gestern warst du auf der drüberen Straßenseite, heute bist du schon wieder hier!"

Die Holzwurmmutti ermahnt ihre Kinder: „Kommt endlich herein! Das Essen wird morsch!"

Die Spatzenfrau sagt zu ihrer Freundin: „Mir reicht's. Ich lasse mich scheiden. Mein Mann hat eine Meise!"

Eine Froschfamilie spaziert über eine Wiese. Da nähert sich ein Storch, und die Sache wird ganz gefährlich! Plötzlich brüllt die Froschmama: „Wau wau wau!" und entsetzt haut der Storch ab.
„Seht ihr", sagt die Froschmama zu den Kindern. „Das hat man, wenn man Fremdsprachen kann!"

Zwei Küken gehen spazieren und rauchen. Da treffen sie eine ganz feine Dame. Sie fängt an zu schimpfen.
„In eurem Alter raucht man nicht! Wartet, ich werde es eurer Mutter sagen!"
Da grinsen die Küken: „Versuchen Sie's nur. Wir stammen nämlich aus einem Brutapparat!"

„... und wenn ich dir sage, du sollst dir die Füße waschen", schimpft Mama Tausendfüßler, „dann meine ich nicht achthundert, und nicht fünfhundert oder gar nur zweihundert Füße, dann meine ich alle tausend!"

☆

„Was macht ein Elefant auf der Autobahn?"
– „Höchstens vier Kilometer in der Stunde!"

☆

Otto Grabschlacht schlendert an die Kasse des Zoos, blickt dem Kartenverkäufer herausfordernd ins Gesicht und fragt rüde: „Brauche ich auch eine Karte?"
„Mein Lieber, du brauchst sogar zwei", sagt der Mann.
„Eine für den Eintritt und eine für den Austritt!"

☆

„Wann schlüpfen die Küken aus den Eiern?"
– „Wenn sie Angst kriegen, daß sie gekocht werden."

☆

Vroni bestaunt die Schildkröte ihrer Freundin.
„Nimm doch bitte den Deckel ab", sagt sie dann, „damit ich sie streicheln kann!"

„Was macht 999 mal Tick und 1 mal Tack?"
– „Ein Tausendfüßler mit einem Holzbein."

☆

Zwei Spatzen sehen einem Kleingärtner zu, der
Radieschen sät.
Sagt der eine: „Daß es dem nicht zu blöd wird, für uns
jedes Jahr die Körner im Boden zu verstecken, so daß
wir sie wieder rauspicken müssen. Er könnte sie uns
doch auch gleich so geben!"

☆

Eine Herings-Großfamilie schwimmt spazieren und
begegnet einem U-Boot.
„Mami, schau", fragen ängstlich die Heringskinder.
„Was ist das?"
„Keine Angst", sagt die Heringsmutter. „Das sind
Menschen in Dose!"

Sagt das Eisbärenkind zur Eisbärenmama:
„Mama, war mein Opa auch ein Eisbär?"
„O ja, mein Kind."
„Und der Uropa. War der auch ein Eisbär?"
„Aber natürlich!"
„Und der Ururopa auch?"
„Ja, der auch."
„Mama – mich friert aber trotzdem!"

„Warum kann man eine Maus nicht melken?"
– „Weil es keinen Eimer gibt, der unter einer Maus Platz hat!"

„Nenne mir fünf Tiere, die in Afrika leben!" sagt der Quizmaster.
„Zwei Löwen und drei Elefanten!" antwortet der Kandidat.

Alex kauft einen Papagei und sucht lange im Laden herum, bis er einen passenden gefunden hat.
„Wie steht's mit dir?" fragt er den Papagei. „Kannst du sprechen?"
„Klar Mann", sagt der Papagei. „Und wie steht's mit dir? Kannst du fliegen?"

„Sssssssst!" Haarscharf zischt eine Fliege an einem
Spinnennetz vorbei.
Wütend fährt die Spinne heraus und faucht:
„Warte nur! Morgen krieg ich dich!"
„Denkste!" ruft die Fliege zurück und grinst.
„Ich bin eine Eintagsfliege!"

„Ich würde so gerne Schi fahren", sagt der Tausendfüßler.
„Aber immer, wenn ich die Bretter endlich angeschnallt
habe, ist der Winter vorbei!"

☆

Evchen möchte alles haben, was sie sieht.
„Papi, schenkst du mir einen Elefanten?" fragt sie im Zoo.
„Das geht nicht, mein Liebling. Die sind alle gezählt!" sagt
Papi.

☆

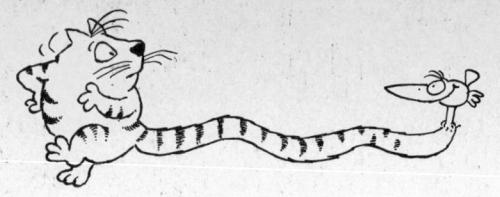

Zwei Walfische sitzen auf einem Ast.
„Man müßte eine Schwalbe sein", sagt der eine.
„Dann könnte man fliegen!"
„Ja", sagt der andere, „eigentlich müßte man zwei
Schwalben sein, dann könnte man hinter sich herfliegen!"
„...oder drei Schwalben, dann könnte man sehen, wie
man hinter sich herfliegt!"

☆

„Wovon leben die Vögel?"
„Von dem, was sie finden."
„Und wenn sie aber nichts finden?"
„Dann fressen sie etwas anderes."

☆

„Wer ist schlimmer dran:
eine Giraffe mit Halsschmerzen oder ein Tausendfüßler
mit Hühneraugen?"

☆

Die Familie besucht den Zoo.
„Dies ist ein Jaguar", erklärt Papa.
„Welches Baujahr?" fragt Felix.

☆

Der Maulwurf frißt täglich soviel, wie er wiegt – liest
Heike in einem schlauen Buch.
„Woher weiß der Maulwurf, wieviel er wiegt?" fragt
Heike.

Zwei Schnecken spazieren auf der Landstraße.
Sagt die eine zur anderen: „Nimm's Gas weg! Jetzt kommt
eine Radarfalle!"

Im Zirkus herrscht große Aufregung.
„Herr Direktor! Unser Löwe kann plötzlich reden!"
„Großartig! Holt schnell den Dompteur!"
„Den können wir schon seit einer Stunde nicht mehr
finden!"

Der Zirkus ist aus. Zwei Flöhe verlassen das Zelt.
Draußen regnet es in Strömen.
„Wollen wir zu Fuß nach Hause gehen, oder nehmen wir
uns einen Hund?" sagt der eine zum anderen.

Die Fledermäuse übernachten in einer Höhle.
Alle hängen, wie sich das gehört, mit den Köpfen nach
unten. Nur eine nicht. Die hat den Kopf oben.
„Was soll denn nun schon wieder diese moderne
Spinnerei!" schimpft der alte Fledermäuserich.
„Ach, laß sie, Opa", sagt eine andere. „Das ist Adriane.
Die macht zur Zeit einen Yogakurs!"

Zwei Spatzen picken in einem Pferdeapfel herum.
„Soll ich dir einen Witz erzählen?" fragt der eine.
„Ja, aber bitte nicht wieder einen, der mir den ganzen
Appetit verdirbt!"

„Achtung! Frisch gestrichen!" steht im Tierpark am Gitter
des Zebrageheges.
„So ein Schwindel", meint ein ganz Schlauer, „und ich
habe geglaubt, die Streifen seien echt!"

☆

„Diesen Hund will ich nicht", sagt Viktor. „Seine Beine
sind viel zu kurz!"
„So ein Quatsch!" sagt Felix. „Die sind lang genug! Die
reichen alle viere bis zum Boden!"

„Lieschen! Was willst du mit dem Regenwurm im Haus!"
„Wir haben zusammen den ganzen Tag im Garten
gespielt, und nun möchte ich ihm mein Zimmer zeigen!"

Sagt die Schneckenmami zu den kleinen Schnecken:
„Daß mir keiner über die Straße rennt! In drei Stunden
kommt der Bus!"

Eine Ameise hat Pech. Eine Kuh steht über ihr, läßt einen
Fladen fallen, und die arme Ameise wird darunter
begraben.
Nach einer Stunde hat sie sich wieder hochgearbeitet
und ist stinkwütend.
„So eine Gemeinheit!" schimpft sie. „Genau aufs Auge!"

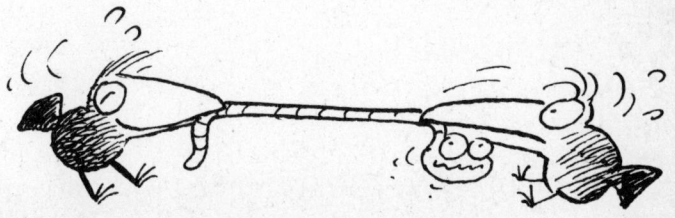

Was ist das: Ist auf der Wiese, ist schwarz und dreht sich im Kreis?
Das ist ein Maulwurf beim Kugelstoßen.

Und was ist das: Ist auf der Wiese, ist schwarz und hüpft im Kreis?
Dem Maulwurf ist die Kugel auf den Fuß gefallen!

Ein Elefant paßt nicht auf und latscht in einen Ameisenhaufen. So was lassen sich natürlich die kleinen Tierchen nicht gefallen und beschließen, den Elefanten zur Sau zu machen.
Wie die Wilden stürmen sie auf den Elefanten hinauf. Und als sie alle oben sind, schüttelt sich der Elefant ein bißchen, und schon sind sie wieder unten.
Nur einer nicht. Der bleibt dem Elefanten im Nacken. Begeistert brüllen die anderen zu ihm hinauf: „Emil! Erwürg ihn!"

Benzingerede

„Wie geht es dir mit deinem Führerschein?"
„Miserabel, ich bin durchgefallen."
„Dann paß auf, daß du bei der nächsten Prüfung nicht
wieder den gleichen Prüfer bekommst."
„Kaum, der liegt für 6 Wochen im Krankenhaus."

„Hast du mit deinem Moped schon einen Unfall gehabt?"
„Ach, nur ganz wenige. Und nicht der Rede wert."
„Wie lange fährst du schon Moped?"
„Seit gestern mittag."

„Was gibt dein Moped her?" wird Jockel gefragt.
„Hundertfünfzig", antwortet er.
„Was? Hundertfünfzig Kilometer. Das ist ja enorm!"
wundert sich der andere.
„Ja. Hundertfünfzig Kilometer hintereinander", sagt Jockel.
„Dann war es hin."

☆

Erwin nimmt Fahrunterricht. Sie halten an einer
Tankstelle.
Der Tankwart kommt heraus und schimpft: „Sie sollten
Ihren Motor abstellen!"
„Hab ich schon", sagt Erwin. „Was da im Auto so zittert,
ist der Fahrlehrer."

„Papi", sagt Susilein, „ich habe soeben deinen neuen Wagen ausprobiert. Soll ich dir erzählen, wie es war, oder willst du es lieber morgen in der Zeitung lesen?"

☆

Die Familie Schwarz wohnt in einem kleinen Haus an der Bundesstraße.
Beim Abendessen rummst es gewaltig, und ein Fernlaster steht in der Küche.
Der Fahrer arbeitet sich aus dem Mauerschutt hervor und sagt: „Verzeihung! Eigentlich wollte ich ja nach Stuttgart."
Da sagt Herr Schwarz: „Nach Stuttgart? Da müssen Sie bis zum Kühlschrank, dann links am Bad vorbei, durchs Schlafzimmer und dann immer geradeaus."

☆

„Könntest du mich über die Straße bringen?" fragt eine schon etwas klapprige alte Dame.
„Ja gerne", antwortet Ulf. „Wohnen Sie dort?"
„Nein, mein Junge, dort steht meine Kawasaki."

231

Lars kommt zum Autohändler.
„Ich möchte einen Kleinwagen", sagt er. „Aber einen solchen, mit dem man Radio Luxemburg herbringt."

„An deinem Auto fehlt der Scheibenwischer."
„Weiß ich schon. Den habe ich abmontiert, weil da die Polizisten immer so blöde Zettel dahintergeklemmt haben."

Schulze fährt mit einer uralten Kiste an der Tankstelle vor.
„Ölwechsel bitte."
„Mensch, wechseln Sie nicht nur das Öl, sondern gleich das ganze Auto!" rät der Tankwart.

Zweite Fahrprüfung von Gerda Schulze.
„Wie war's?"
„Nicht so besonders; ich habe einen Obststand, einen Kleinwagen und den Städtischen Omnibus gerammt!"
„Dann bist du also wieder durchgefallen."
„Weiß ich noch nicht. Der Prüfer ist noch nicht aus der Narkose erwacht."

Bei der Reparatur-Werkstätte Schrott und Co. klingelt das Telefon:

„Können Sie mir bitte helfen, mein Motor springt nicht mehr an."

„Was fehlt?"

„Wahrscheinlich ist Wasser im Vergaser!"

„Okay. Wo liegt der Wagen?"

„Im Baggersee, etwa vier Meter tief."

Torsten braust mit dem Moped durch eine Radarfalle. Da hält ihn eine Polizeistreife auf:

„Du wurdest soeben von einer automatischen Kamera fotografiert..."

„Prima", sagt Torsten. „Wenn die Bilder was geworden sind, schicken Sie mir drei Vergrößerungen."

„Hast du einen Führerschein?" fragt der Polizist den
Motorradfahrer.
„Ja. Wollen Sie ihn sehen?"
„Nein. Nicht nötig. Nur wenn du keinen gehabt hättest,
hätte ich ihn sehen müssen."

Urlis Vater ist Schweizer. Urli natürlich auch.
„Gestern sind wir von Basel nach Bern gefahren", erzählt
Urli. „Es war fürchterlich. Immer in der Kolonne und
immer mit dreißig Stundenkilometern!"
„Das ist freilich schlimm", sagt der andere.
„Aber sag, habt ihr denn nicht überholen können?"
„Aber nein", meint Urli. „Wir sind ja die Ersten gewesen."

„Hast du dein Moped nicht mehr?"
„Hat sich nicht gelohnt."
„Wieso?"
„Einer war immer in Reparatur, entweder das Moped
oder ich."

Armin fährt mit seiner alten NUS an der
Reparaturwerkstätte vor.

„Stellen Sie mal meine Hupe lauter, so laut das geht", sagt
er.

„Warum das?" fragt der Meister erstaunt.

„Vorsichtshalber – meine Bremsen funktionieren nicht."

„Warum hast du keinen Tacho an deinem Auto?"

„Brauch ich nicht. Bei 30 Stundenkilometern klappern die
Scheibenwischer, bei 60 die Türen, bei 90 klappert das
Getriebe, bei 120 klappern die Zähne der Mitfahrer."

„Wie läuft dein Moped?"
„Mein Moped läuft überhaupt nicht, es fährt."
„Gut. Wie fährt dein Moped?"
„Es geht."

Frage an Radio Eriwan:
Kann man in einem Maskowitsch mit 200
Stundenkilometern in eine Haarnadelkurve fahren?
Antwort: Im Prinzip ja. Aber nur einmal.

„Ich habe mir ein Moped gekauft und dafür mein
Schlagzeug in Anzahlung gegeben", sagt Heiner.
Marco wundert sich: „Ja geht denn das?"
„In meinem Falle schon", sagt Heiner. „Der
Fahrzeughändler wohnt nämlich unter uns."

☆

„Schau, warum auf der Straße drunten so ein Krach ist."
„Ein Auto wollte in die Seitenstraße einbiegen."
„Aber da ist doch keine Seitenstraße!"
„Eben."

☆

Ein unglaublicher Nebel! Man sieht keine zwei Meter weit. Sepp hat Glück. Ein Auto fährt vor ihm, er braucht sich nur nach den Rücklichtern des Vordermannes richten. Es geht also zügig voran. Plötzlich tritt der erste auf die Bremse, und schon hat es gekracht.
Wütend springt Sepp aus seinem Auto und brüllt:
„Sie können doch nicht so schlagartig bremsen!"
„In meiner Garage kann ich machen, was ich will", sagt der andere.

☆

„Mensch, du hast ja keine Luft in deinem Hinterreifen!"
„Weiß ich, ist Absicht. Mir ist der Sattel zu hoch!"

☆

„Ich möchte einen Wagen mit allem Komfort.
Hören Sie, mit allem Komfort!" sagt Herr Müller.
„Dann ist das genau Ihr Wagen: das Schärfste, das Schickste, was auf dem Markt ist: automatische Fenster, automatische Türen, automatische Aschenbecher, Spitze 280 km/h, wenn Sie auf die Bremse treten, steht der Wagen nach 2 Metern! Dann ist hier ein kleines Messerchen eingebaut, das Sie automatisch von der Windschutzscheibe abkratzt."

☆

239

Herr Brösl hat einen Hahn überfahren und schleicht
schuldbewußt zum Bauern.
„Selbstverständlich ersetze ich Ihnen den Hahn", sagt
Brösl.
„Einverstanden", antwortet der Bauer. „Dann kommen Sie
in Zukunft jeden Morgen um vier Uhr auf meinen
Misthaufen und krähen ordentlich!"

„Sie müssen hier links abbiegen! Haben Sie nicht die
Pfeile gesehen!" schimpft der Polizist.
„Pfeile? Nein! Wieso? Sind Indianer da?"

Martl sieht ein Motorrad im Geschäft.
„Wie lange müßte ich abzahlen, wenn ich jeden Monat
fünf Mark bringe?"
„Zweitausendeinhundertsechsundneunzig Monate oder
einhundertdreiundachtzig Jahre", sagt der Verkäufer.
„Einverstanden", sagt Martl. „Der Ofen ist gekauft."

Herr Schulz fährt mit seinem Kleinwagen durch die
Gegend. Alle Augenblicke hüpft der Wagen ein wenig.
Ein Polizist, der das beobachtet hat, stoppt Herrn Schulz.
„He. Was ist mit Ihrem Wagen?"
„Gar nichts", sagt Herr Schulz. „Ich habe den Schluckauf."

Garantiert blöde Fragen

Wie kann man vier Elefanten in einem Kleinauto
unterbringen?
– Ganz einfach: Zwei vorne und zwei hinten.

Woran erkennt man, daß vier Elefanten in einer Disco
sind?
– Weil ein Kleinauto davor steht.

Woran erkennst du, daß ein Elefant in deinem Bett liegt?
– Er hat ein großes „E" auf seinem Schlafanzug.

Kennst du den Unterschied zwischen einem Elefanten
und einem Weihnachtsstollen?
– Den Elefanten kann man nicht in die Kaffeetasse
tunken.

Warum haben die Elefanten rote Augen?
– Damit man sie nicht sehen kann, wenn sie im
Kirschbaum sitzen.
Oder hast du schon einmal einen Elefanten im
Kirschbaum gesehen? – Na, also!

Wie kriegt man einen Elefanten in den Kühlschrank?
– Tür auf, Quark beiseite, Elefant rein!

Wie kriegt man zwei Elefanten in den Kühlschrank?
– Geht nicht. Kühlschrank ist zu klein!

Wie merkt man, daß ein Elefant im Kühlschrank war!
– An den Fußstapfen im Quark.

Warum sind die Fußstapfen der Elefanten so groß?
– Damit die Füße hineinpassen.

Wer hat Hühneraugen am Kopf?
– Na klar, das Huhn.

Die Sonne geht in China bekanntlich früher auf als bei
uns. Wann also sagt der Chinese „Guten Morgen"?
– Wenn er deutsch kann.

Was tut ein Neger auf einem Eisberg?
– Frieren.

Warum hat der Mensch Ohren?
Damit er besser sehen kann – weil ihm sonst der Hut vor
die Augen rutschen würde!

Richard sitzt über einem Kreuzworträtsel.
„Weißt du einen Nachtvogel mit drei Buchstaben?" fragt
er seine Schwester.
„Waagerecht oder senkrecht?" fragt sie zurück.

Was ist das: Ist grün, hat vier Beine, hüpft in den Teich und macht „Kikeriki!"
– Ein Frosch mit Fremdsprachenkenntnissen.

Wenn der Kopf eines Pferdes nach Norden zeigt, wohin zeigt dann der Schwanz?
– Nach unten.

Was ist ein Pensch?
– Das Mittelstück vom Lampenschirm.

Kennst du den Unterschied zwischen einer Geige und einem Cello?
– Das Cello brennt länger.

Kennst du den Unterschied zwischen einem Klavier und einer Flöte?
– Auf eine Flöte kann man kein Bier stellen.

Kennst du den Unterschied zwischen einem Klavier und
einer Babybadewanne?
– Nein? Dann paß bloß auf, wenn du einmal ein Klavier
kaufst, daß sie dir keine Babybadewanne aufdrehen!

☆

Wie fängt man Löwen?
– Ganz einfach: Man nimmt eine Wüste, zum Beispiel die
Sahara, und schüttet sie durch ein Sieb. Der Sand fällt
durch, die Löwen bleiben zurück.

☆

„Kennst du den Unterschied zwischen einem
Kanarienvogel?"
„–?"
„Da gibt es keinen Unterschied, weil alle Beine gleich
lang sind. Besonders das rechte!"

☆

Warum hat der Löwe so einen dicken Kopf?
– Damit er im Zirkus nicht durchs Gitter kann.

☆

Warum hat die Giraffe so einen langen Hals?
– Weil der Kopf so weit oben ist.

Warum kann ein Pferd nicht radfahren?
– Weil es keinen Daumen zum Klingeln hat.

Warum haben Fische Schuppen?
– Damit sie ihre Fahrräder abstellen können.

Warum haben Elefanten einen langen Rüssel?
– Damit sie Giraffen einen Kuß geben können.

Was ist das: Ist schwarz, hat ein Bein und steht in der Wüste?
– Eine einbeinige Krähe.
Was ist das: Ist schwarz, hat zwei Beine und steht in der Wüste?
– Zwei einbeinige Krähen.
Was ist das: Ist schwarz, hat drei Beine und steht in der Wüste?
– Ein Konzertflügel.

Weißt du, warum der Igel manchmal aus seinem
Winterschlaf erwacht?
– Klar, er muß nachschauen, ob er überhaupt noch lebt!

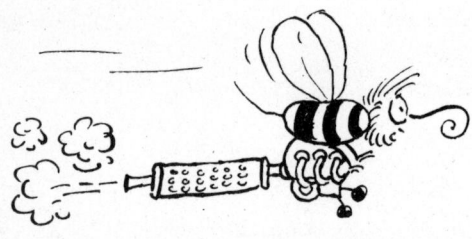

Was ist das: Saust in der Luft herum und macht: „mus –
mus – mus"?
– Eine Fliege, die den Rückwärtsgang eingeschaltet hat.

Wie heißen Bären, die eine Eistüte in der Hand halten?
– Eisbären
Und wie heißen die braunen Bären?
– Braunbären
Und wie heißen die roten Bären?
– Himbären
Wie heißt ein Bär, der fliegen kann?
– Hubschrau-Bär.

Was ist schwarz und weiß und weiß?
– Ein Pinguin auf einem Eisberg.

Was ist schwarz und weiß und schwarz und weiß und
weiß?
– Das sind zwei Pinguine auf einem Eisberg.

Was ist weiß und weiß und weiß?
– Das ist ein Eisberg mit einem Pinguin, der seinen
Frack ausgezogen hat.

Was ist schwarz und schwarz und weiß?
– Ein Eisberg mit einem Pinguin, der seine Hose
ausgezogen hat.

Was aber ist schwarz und rot und weiß?
– Ein Pinguin mit Eisberg und Sonnenbrand.

„Wie viele Beine hat ein Esel?"
„Zwölf."
„Zwölf?"
„Ja. Zwei vorn, zwei hinten, zwei links, zwei rechts, und an jeder Ecke noch eines."

Kennst du den Unterschied zwischen einer Trompete und einem Mehlsack?
Nein? Dann blas hinein!

Was kriecht in der Erde, frißt und ist weiß und rosa gestreift?
– Ein Regenwurm im Schlafanzug.

Warum zieht der Storch ein Bein in die Höhe, wenn er schläft?
– Wenn er das andere Bein auch noch hochziehen würde, würde er auf den Bauch fallen!

Warum heißt die Schlange „Schlange"?
– Weil sie lang ist, sonst müßte sie „Sch-kurze" heißen.

Warum heißt der Löwe „Löwe"?
– Weil er durch die Wüste löft.

Warum heißt der Tiger „Tiger"?
– Weil er hef-tiger löft.

Was ist ein Tesch?
– Ein Druckfehler. Müßte Tisch heißen.

Warum heißen Pferde „Pferde"?
– Weil sie auf der Erde leben – sonst müßten sie Pflüfte heißen.

☆

Was läuft über die Straße und rasselt?
– Eine Gruppe Ameisen mit Steigeisen.

Was ist, wenn Polypen verliebt sind?
– Sie schwimmen Hand in Hand in Hand in Hand...

☆

Was ist grün – weiß – schwarz und wahnsinnig
gefährlich?
– Eine Meise mit Maschinenpistole.

Was ist das Gegenteil von
Frühlingserwachen (spät rechts einschlafen)
Medizin   (Bubi tragen)
Reformhaus   (Reh hinterm Haus)

Was ist für eine Zeit, wenn sich ein Elefant auf ein
Damenfahrrad setzt?
– Dann ist es Zeit für ein neues Damenfahrrad.

☆

Wie kann man einen Tresor von einem Eichhörnchen
unterscheiden?
– Man stellt beide unter einen Baum. Das Eichhörnchen
klettert hoch, der Tresor bleibt am Boden.

Kennst du wichtige Abkürzungen?
Was heißt Uno?
– United Nations Organization.
Was heißt LP?
–Klar, Langspielplatte.
Was heißt: Es A El Zet?
– Salz.

Dumme Fragen:
„Wie alt ist Ihre Kuh?"
„Zwei Jahre."
„Dumme Frage, hätte ich ja an den Hörnern erkennen können!"

„Aus welchem Material sind künstliche Augen?"
„Aus Glas."
„Dumme Frage. Sonst könnte man ja nicht durchsehen!"

CIP-Kurztitelaufnahme der Deutschen Bibliothek

Die **Witz-Rakete:** 777 Witze / ges. u. gezeichnet von
Erhard Dietl. – München: F. Schneider, 1986.
  (Schneider-Buch)
  ISBN 3-505-09404-8
NE: Dietl, Erhard [Hrsg.]

© 1986 by Franz Schneider Verlag GmbH
8000 München 46 · Frankfurter Ring 150
Alle Rechte vorbehalten
Umschlaggestaltung: Adolf Bachmann, Reischach,
unter Verwendung einer Illustration von Erhard Dietl
Illustrationen: Erhard Dietl, Ottobrunn
Redaktion/Lektorat: Thomas de Lates
Herstellung: Manfred Prochnow
Satz/Druck: Augsburger Druck- und Verlagshaus GmbH, Augsburg
ISBN: 3 505 09404 8